조우진의
WM 컨설팅

조우진의 WM 컨설팅

초판 1쇄 인쇄 2019년 9월 27일
초판 1쇄 발행 2019년 10월 7일

지은이 조우진

펴낸이 김찬희
펴낸곳 끌리는책

출판등록 신고번호 제25100-2011-000073호
주소 서울시 구로구 디지털로 31길 20 에이스테크노타워5차 1005호
전화 영업부 (02)335-6936 편집부 (02)2060-5821
팩스 (02)335-0550

이메일 happybookpub@gmail.com
페이스북 happybookpub
블로그 blog.naver.com/happybookpub
포스트 post.naver.com/happybookpub
스토어 smartstore.naver.com/happybookpub

ISBN 979-11-87059-52-3 13320
값 18,000원

바보는 판매하고 고수는 질문한다

조우진의
WM 컨설팅

WEALTH MANAGEMENT

조우진 지음

자산가 시장의 벽을 넘자

재핑(Zapping)은 방송프로그램 시작 전후로 노출되는 광고를 피해 채널을 이리저리 돌리는 행위를 말한다. 리모컨으로 TV 채널을 돌릴 수 있게 되면서 시청자의 이러한 행동은 더욱 빈번해졌다. 사람들은 왜 재핑을 하는 걸까? 광고에 시간과 에너지를 소비하기보다는 본 프로그램의 정보에 집중하려는 심리 때문이다. 요즘 방송을 보면 재핑을 막기 위한 다양한 아이디어가 눈에 띈다. 광고가 나갈 때 본 프로그램의 시작 시간을 카운트하여 화면 상단에 표시해주거나, 인기 있는 프로그램이 끝나면 중간에 광고 없이 다음 프로그램으로 바로 이어가는 등의 방법을 많이 쓴다.

재핑은 방송뿐만 아니라 일상생활에서도 빈번하게 나타난다. 특히 보험 세일즈맨을 만나면 고객의 재핑 속도는 더 빨라진다. 일반 고객에 비해 자산가 고객은 이러한 경향이 더욱 강하다. 기본적으로 자산가 고객 주변에는 정보를 주고 있는 사람과 정보를 주려고 하는 사람이 많다. 그렇기 때문에 자산가 고객은 세일즈맨이 일반적인 방식으로 접근하면 TV광고를 볼 때처럼 재빠르게 재핑한다. 자산가 주변의 그 많은 정보와 사람들 사이를 비집고 들어가 재핑당하지 않고 나에게만 집중하게 만들기 위해서는 뭔가 달라야 한다. 이 책은 독자에게 그 '다름'이 무엇인지 알려주게 될 것이다.

금융시장이 급변하고 있다. 금융권 간의 영역은 허물어진 지 오래고, 투자환경에 따른 다양한 금융상품이 쏟아지고 있다. 그리고 과거에는 없었던 새로운 질병이나 위험이 발생하면서 보험상품 또한 다양하고 복잡해지고 있다. 그렇기 때문에 소비자는 이를 통합해서 '원스탑(One Stop)'으로 해결해줄 수 있는 전문가의 도움이 필요한 상황이 되었다. 자산가 고객은 자신에게 꼭 필요한 전문가를 만나기 위해 오늘도 열심히(?) 재핑하고 있다.

일반 고객과 자산가 고객은 분명 다르다. 일반 고객이 보험상품을 구매할 때 급부의 내용, 보험료의 수준 등을 고려한다면, 자산가 고객은 나에게 맞는 맞춤형 컨설팅의 품질 수준을 가장 중시한다. 또한 보험이 일반 고객에게는 위험을 보장하는 수단이지만 자산가 고객에게는 자산을 효과적으로 승계하고 절세할 수 있는 수단이다. 니즈가 일반 고객과는 다른 자산가 고객을 설득하기 위해서 우리는 지식과 정보를 특별하게 준비해야 한다.

첫째, 자산가 고객을 이해하고 공감하는 일부터 시작해야 한다.

신뢰는 상호간의 공감대 형성에서 시작된다. 우선 자산가들이 무엇을 고민하고 있는지, 어떤 니즈가 있는지에 대해 알아야 한다. 이 책에서는 자산가 고객을 크게 개인사업자, 법인사업자로 구분하여 설명한다. 각 직군별로 어떠한 니즈와 고민이 있는지를 이해하고 공감할 수 있게 될 것이다.

둘째, 자산가 고객의 니즈에 부합하는 전문지식의 학습이 필요하다.

많은 사람들이 자산가 고객과 대화를 나누기 위해서는 방대한 전문지식이 필요하다고 생각한다. 그러다 보니 전문지식을 어떻게 학습해야 할지 몰라 당황하거나, 아예 포기해버리는 경우를 많이 보았다. 이 책에서는 자산가 고객과 대화하기 위한 핵심적인 전문지식을 습득할 수 있도록 돕고, 더불어 전문지식 학습방법 가이드도 제공하려고 한다.

셋째, 효과적인 커뮤니케이션 스킬이다.

아무리 전문지식이 풍부해도 자산가 고객과 대화하면서 그것들을 활용하지 못한다면 이미 죽은 지식이다. 아는 것도 중요하지만 알고 있는 지식을 잘 활용하여 고객을 설득할 수 있어야 세일즈가 완성된다. 나는 여러분이 이 책을 통해 자산가 고객의 유형에 맞는 상담전략을 만들고, 효과적인 질문을 통해 'Yes'를 이끌어내는 상담 스킬의 패러다임 전환을 경험할 수 있기를 기대한다.

나는 오랫동안 자산가 고객을 만났고 지금도 새로운 고객을 만나고 있다. 이 과정에서 많은 성과를 냈고 그 경험을 바탕으로 후배들도 그들만의 특별한 성공을 준비하도록 교육하고 있다. 내가 고객과 교육생들에게 가장 자주 듣는 피드백은 "전문적인 내용을 아주 이해하기 쉽게 잘 그려주시네요.", "분명 들어본 이야기인데 꼭 뭔가를 해야 할 것 같은 마음이 드네요.", "많은 사람들에게 컨설팅을 받아봤지만 확실히 다른 내용입니다.", "저도 도전해보고 싶습니다. 도와주세요."라는 말이었다. 나는 강의에서 다루는 내용은 물론 미처 공개하지 못한 나만의 노하우까지 독자와 함께 나누고 싶다.

이 책은 지나온 나의 역사이며 앞으로 가야 할 미래이자 희망이다. 그래서 단순히 자산가 고객을 상대하기 위해 필요한 지식만 나열하지 않았다. 자산가 고객과 진실한 대화를 통해 신뢰를 형성할 수 있었던 소중한 경험과 실전에서 참고할 수 있는 구체적인 사례를 담았다. 많은 이들이 지금도 자산가 시장의 거대한 벽 앞에서 무릎 꿇고 좌절하고 있다. 부디 이 책을 통해 자산가 시장의 벽이 '통곡의 벽'이 아닌 '소통의 벽'으로 바뀌어 한 사람이라도 더 성공하길 바란다. 끝으로 이 책이 우리가 하는 일이 진정으로 '존경받는 일(Job)'이 되는 데 도움이 되기를 간절히 소망한다.

2019년 뜨거운 여름에
조우진

차례

3장 고수는 질문으로 Yes를 이끌어낸다

4장 자산가 컨설팅 Q&A _ 개인 컨설팅

5장 자산가 컨설팅 Q&A _ 법인 컨설팅

1장

WM 컨설팅에 도전하고 싶다면

자산가 시장, 왜 중요한가

FC로 활동하면서 그림자처럼 따라다니는 고민거리는 다양하다.
'내가 활동할 수 있는 시장은 충분한가?', '지금 내가 활동하고 있는
시장이 최적인가? 다른 시장은 없는가?', '나는 지금 활동하고 있는
시장에서 성공할 수 있는 충분한 역량이 있나?', '새로운 시장에 진
입하기 위해서는 무엇을 준비해야 하나?', '그 시장은 나에게 맞을
까?' 등이다. 이런 고민을 한다는 것은 자기 업(業)에서 성공하고자
하는 욕망이 있기 때문이다. 성과를 낼 줄 아는 사람은 항상 새로운
목표를 만들고 새롭게 도전한다. 고민하지 않는다면 지금의 성과에
적당히 만족하거나 지금 하고 있는 일을 계속하고 싶은 생각이 없는
경우일 가능성이 높다.

성과창출은 네 가지 변수에 따라 좌지우지된다. 네 가지 변수는 시

장, 활동량, 상담 역량, 건당 보험료 단기이다. 즉, 활동하는 시장이 얼마나 넓고 다양한지, 활동량은 얼마나 가능한지, 클로징 확률을 높이는 자기만의 상담 역량을 갖추었는지, 건당 보험료의 수준을 얼마나 높일 수 있는지에 따라 창출되는 성과의 크기가 달라진다. 새로운 시장을 개발하고 활동량을 늘리면 당연히 성과는 향상될 것이다. 하지만 우리가 갈 수 있는 시장과 하루에 진행할 수 있는 활동의 양은 일정 수준에 이르면 더 이상 높일 수 없다. 예를 들어, 하루 24시간 동안 만나고 상담할 수 있는 고객의 수는 한계가 있다. 매일 잠도 자지 않고 고객만 만날 수는 없다. 이런 상황에서 성과를 높이기 위해서는 건당 보험료를 고액으로 높일 수 있는 시장을 개발하고, 그 시장에 성공적으로 진입하기 위한 전문성과 상담 역량을 개발할 필요가 있다. 그렇다면 고액으로 건당 보험료 수준을 높일 수 있는 시장은 어디일까? 바로 자산가 시장이다.

보험도 하나의 금융상품이다. 높은 성과를 달성하려면 돈이 있는 곳에 가야 한다. 돈이 있는 곳이 바로 자산가 시장이니 많은 FC들이 그 시장에 가고 싶어 하는 것이다. 자산가 시장으로 가야 하고, 가고 싶어 하지만 "왜 당신은 자산가 시장에 가지 않나요?"라고 물어보면 대부분 "저는 자산가를 잘 몰라요.", "자산가를 알고 있지만 저를 만나주지 않아요.", "자산가를 만나면 주눅이 들어서 말도 잘 꺼내지 못해요.", "자산가에게 무슨 말을 해야 할지 모르겠어요.", "자산가들은 제 이야기를 잘 들어주지 않아요.", "자신이 없어요." 등 수십 가지 이유를 늘어놓는다. 하지만 이것은 변명이다. 제대로 준비하고 노력하지 않았을 뿐이다.

자산가 시장은 일반 시장에 비해 공략하기 어렵다. 쉬웠다면 누구나 그 시장에서 성공했을 것이다. 진입하기 어렵지만 부가가치가 높은 시장이기 때문에 도전할 가치가 있다. 그리고 필요한 역량과 전문성을 갖추기만 한다면 FC 인생은 탄탄대로로 바뀔 것이다.

나는 자산가 고객 시장에 일찍 진출해서 꽤 높은 성과를 내고 있다. 많이 공부했고, 노력했고, 시간이 걸렸다. 자산가 고객 컨설팅 과정을 통해 자산가 시장에서 성공할 수 있는 중요한 요소들이 무엇인지 알게 되었고, 그러한 요소들을 개발하고 발전시키고 있다. 나는 이 책을 통해 바로 그 요소에 대해 이야기하고자 한다.

흔히 자산가 설득을 위해서는 전문지식을 갖추고 있어야 한다고 생각한다. 물론 필요하다. 전문지식이 있으면 좋다. 하지만 지식 이전에 더 중요한 요소가 있다. 자산가 고객과 어떻게 공감하고 소통하느냐, 상담과정에서 어떻게 니즈를 발굴하고 개발하느냐, 자산가 고객의 성향을 어떻게 파악하고 그들이 원하는 대로 상담을 이끌어갈 것이냐가 더 중요하다.

나는 좀 더 많은 FC들이 자산가 시장에서 성공하고 존경받는 전문가가 되길 바란다. 그래서 이 책에서는 자산가 시장에서 알아야 할 기본 지식뿐 아니라 그러한 지식을 고객과 함께 이야기 나눌 수 있도록 초기에 어떻게 신뢰를 형성할 것인지, 상담과정에서는 어떤 커뮤니케이션 기법을 활용할 것인지에 대해 집중하려고 한다. 지식은 공부하면 된다. 하지만 지식이 있어도 그것을 자산가와의 상담에서 대화로 풀어낼 수 없다면 죽은 지식이 되고 만다.

자산가 시장에 맞게
패러다임을 바꾸자

자산가 시장에 성공적으로 진입하기 위한 첫 번째 관문은 그 시장에 맞는 올바른 패러다임을 스스로 정립하는 일이다. 패러다임은 인간이 주변 세상을 지각하고 이해하며 해석하는 방식, 즉 정신적 지도(map)를 의미한다. 《성공하는 사람들의 7가지 습관》의 저자 스티븐 코비 박사는 "당신이 행복하고 성공한 삶을 살기 위해 조금만 변하기를 원한다면, 당신의 행동을 바꿔라. 그러나 획기적으로 변하기를 원한다면, 당신의 패러다임을 바꿔라."라고 이야기하면서 패러다임의 중요성을 강조했다.

패러다임은 인생의 방향을 안내하는 내비게이션과 같다. 내비게이션은 우리가 가고자 하는 목적지까지 길을 안내해준다. 우리는 각자 삶의 목적지가 있지만, 모두가 처음 가보는 길이다. 이때 행복하고 성공적으로 목적지에 도착하기 위해 우리 인생에도 내비게이션의 도움이 필요하다. 내비게이션이 없으면 길을 헤맬 수 있고, 목적지가 아닌 엉뚱한 곳에 도착할 수도 있다. 만일 내 내비게이션에 심각한 오류가 생겨 잘못된 정보를 안내하고 있는데, 난 그 오류를 깨닫지 못하고 내비게이션이 안내해주는 대로만 간다면 어떤 일이 벌어질까? 실제로 경험한 적이 있다. 지금처럼 스마트폰 앱이 없었을 때는 내비게이션 업데이트를 자주 하지 못했다. 어느 날 내비게이션이 알려주는 대로 운전해서 갔는데, 막다른 길이 나왔다. 도로가 자주 개통되거나 없어지는데, 그게 반영이 안 되다 보니 엉뚱한 곳으로 갔던 것이다. 만일 한밤중이었거나 내비게이션이 안내한 길이 절벽으로 이어졌다면 매우 위험한 상황이 될 수 있었다.

인생의 내비게이션인 패러다임 역시 우리를 성공과 행복의 목적지에 도달하게 할 수도, 반대로 실패와 불행으로 인도할 수도 있는 매우 중요한 요소다. 태어날 때부터 목적지를 알고 인생을 살아가는 사람은 없다. 하지만 스스로 정한 목적지를 향해 가고자 한다면 인생의 도로를 달리기 전에 내비게이션부터 점검해보아야 한다. 스티븐 코비는 "당신은 운전하기 바빠서 주유소에 들르지 못한 적이 있는가?"라는 화두를 던진 적이 있다. 성공이라는 목적지에 도착하려면, 올바른 방향 설정이 가장 중요하고, 그 다음에 장거리 여정을 위한 연료, 엔진, 타이어 상태를 점검해야 한다. 인생 여정에서도 목표를 정했다면 그 목표에 맞는 올바른 패러다임 정립이 필요하다. 올바른 패러다임 정립은 목표에 도달하기 위해 필요한 역량들을 정리하고, 구체적으로 실천하기 전에 올바른 마인드를 정립하는 일이다. 다음 예화를 통해 올바른 패러다임 정립이 왜 중요한지 함께 생각해 보자.

어느 오후, 승객이 그리 많지 않은 기차 안에서 있었던 일이다. 대부분 책을 읽거나 담소를 나누고, 수면을 취하는 등 조용하고 평온한 객실 모습이었다. 하지만 기차가 한 정거장에 정차한 후부터 분위기는 180도로 바뀌었다. 40대로 보이는 남자와 어린 두 아이가 승차했는데, 아이들은 의자에 앉지도 않은 채 고함을 치며 뛰어다녔다. 그런 상황에서도 아버지는 멍하니 창밖만 바라보고 있었다. 승객들은 화가 나기 시작했다. 한 노신사가 아이들 아버지에게 다가가서 따끔하게 충고했다. "여보세요! 당신 아이들이 떠들고 뛰어다니면서 다른 승객들에게 피해를 주고 있습니다. 그런데 아버지라는 사람이 아무런 제재도 하지 않고 이렇게 수수방관할 수 있습니까? 너무 무책임한 거 아닙니까?" 이 이야기를 들은 남자는 문득 정신이 들었다는 듯이 이렇게 이야기했다. "정말 죄송합니다. 아이들이 이렇게 떠들고 뛰어다니는지 정말 몰랐습니다. 사실은 지난주에 아이들 엄마가 갑작스러운 사고로 이 세상을 떠났습니다. 장례를 치르고 집으로 돌아가는 길입니다. 아내 없이 두 아이를 어떻게 키워야 할지 너무나 막막해서 아이들이 다른 승객들에게 피해를 주고 있는지 몰랐습니다.

당장 주의를 주겠습니다. 죄송합니다." 이 사연을 듣고 있던 승객들은 일순간 분위기가 숙연해졌다. 하지만 아이들은 여전히 소리치며 뛰어다니고 있었다.

어떤가? 기차 안의 상황이나 환경이 바뀌었나? 아니다. 여전히 시끄럽고 혼란스러운 상황은 동일하다. 그런데 그 상황을 바라보는 패러다임은 달라졌다. 불과 몇 분 전까지는 시끄럽게 뛰어다니는 아이들이 버릇없어 보였고, 그런 아이들에게 아무런 제재를 하지 않는 아버지는 무책임하게 보였지만, 안타까운 사연을 들은 지금은 '얼마나 상실감이 컸으면 아이들이 저렇게 뛰어다니고 있는지도 몰랐을까?'라는 측은한 마음이 생기게 되었다.

어떤 패러다임을 가지고 있느냐에 따라 전혀 다른 새로운 것을 볼 수 있다. 현재 우리가 처한 경제, 금융, 보험, 세금 등의 환경은 누구에게나 같다. 이렇게 동일한 상황과 환경에서 어떤 패러다임으로 접근하느냐에 따라 우리 인생은 달라질 수 있다. 그렇기 때문에 모든 일을 시작하기 전에 가장 먼저 패러다임부터 제대로 정립해야 한다.

그렇다면 FC가 정립해야 할 자산가 시장에서의 올바른 패러다임은 무엇일까? 첫 번째는 자산가를 바라보는 시각의 전환이 필요하다. 우리나라에서는 부자가 존경받는 대상이 아니라 정당하지 않은 방법으로 자산을 축적했을 거라는 부정적인 인식이 강하다. 자산가에 대한 부정적인 시선은 자산가들이 더 많이 느낀다. 이러한 시선 때문에 자산가들은 자신의 자산정보를 숨기고 상담과정에서 매우 소극적으로 임한다. 이러한 틀을 깨기 위해서는 자산가를 바라보는 우리의 패러다임부터 바꾸어야 한다. 어차피 일반 FC가 재벌 2세나 3세를 만나거나 대기업 경영자를 직접 만날 일은 별로 없다.

우리가 만날 수 있는 자산가들은 대부분 한 분야에서 엄청난 연구와 노력으로 지금의 부를 이룬 자수성가형 부자들이다. 그들이 가진 부나 배경만 먼저 보지 말고, 그들이 일군 성과의 이면을 제대로 볼 줄 알아야 한다. 그리고 진심으로 존경하고 있음을 드러내야 한다. 그들은 종종 자신의 성공담을 이야기하길 좋아한다. 그 이야기에 인내심을 가지고 경청하고 공감하는 태도가 필요하다. 자산가들은 자신의 선택과 판단을 믿고 강인하게 살아온 사람들이다. 그래서 다른 사람을 쉽게 믿지 않는다. 그들을 이해하기 위해서는 머리나 말로만이 아닌 마음으로 접근할 수 있어야 한다.

자산가들은 눈치가 매우 빠르다. FC가 나를 진심으로 대하는지 아닌지 금방 알아챈다. 마음은 눈빛으로 드러난다. 진심이 눈빛에 드러나야 한다. 진심으로 믿고 존경해야 눈빛에 드러나고, 그 눈빛으로 자산가들은 FC의 진심을 알아챈다.

두 번째는 상담기법에 관한 인식의 전환이 필요하다. 흔히 자산가와 상담할 때는 많은 지식을 바탕으로 전문성을 드러내야 한다고 생각한다. 그래서 일방적인 설명의 형태로 상담을 진행하는 경우가 많다. 하지만 자산가 설득을 위해서는 그들이 가지고 있는 문제의 심각성을 스스로 느끼고 해결하고자 하는 욕구로 발전시켜 나가야 한다. 이를 위해서 FC는 말을 줄이고 고객이 더 많은 이야기를 할 수 있도록 적재적소에 효과적으로 질문하는 방식으로 상담을 진행해야 한다.

자산가 시장에서 성공하고 싶은가? 그럼 질문하라. 하지만 질문만 한다고 자산가 고객이 자신의 현재 고민이나 재무정보를 술술 이야기하지 않는다. 잘못된 질문은 오히려 커뮤니케이션에 방해가 된다. 질문도 전략적으로 준비해야 한다. 전략적 질문 기법은 3장 '고수는 질문으로 Yes를 이끌어낸다' 편에서 좀 더 구체적으로 살펴보겠다.

세금 문제를
이해하고 공감하자

　자산가의 최대 고민은 무엇일까? 자산가들과 이야기를 나눠보면 세금과 부동산에 대한 고민이 가장 컸다. 자산이 있으면 그림자처럼 따라오는 문제가 세금이다. 우리나라의 세금은 누진세율을 적용하고 있기 때문에 자산의 규모가 커지면 커질수록 세금에 대한 부담이 가중된다. 우리나라에서 거두는 세금의 80%는 상위 20%의 자산가들이 내고 있다. 누진세율을 적용하기 때문이다. 여기에도 80:20 법칙이 들어맞는다.

　다음으로는 부동산. 우리나라 부자들은 다른 나라에 비해 자산에서 부동산이 차지하는 비율이 상대적으로 높다. 이로 인해 현재 보유하고 있는 부동산을 계속해서 보유할지 아니면 매도할지, 또는 새로운 부동산을 취득해야 할지에 대한 고민이 클 수밖에 없다. 더

군다나 요즘은 다주택 보유자와 부동산 과다 보유자에 대한 과세가 강화되고 있는 추세다. 이에 맞는 합리적 관리방안에 대한 관심이 커지고 있다. 현명한 FC라면 자산가들의 가장 큰 고민인 세금과 부동산에 대해 구체적으로 이해해야 하고, 적극적으로 공감해야 한다.

FC들이 일반 고객을 상대로 니즈를 환기할 때는 불안을 자극하는 방법을 많이 쓴다. "보험이 준비되어 있지 않은데 갑자기 재해나 질병이 발생하면 더욱 힘들어지지 않겠습니까?", "준비되지 않은 노후는 얼마나 큰 고통이겠습니까?"라는 식이다.

고객의 니즈를 환기하는 방법에는 두 가지가 있다. 하나는 고객의 불안을 자극하는 방법이고, 다른 하나는 희망과 행복을 연상하게 하는 방법이다. 일반 고객에게는 불안을 자극하는 방법보다 희망과 행복을 연상하게 하는 니즈 환기 방법이 효과적이다. 자산이 적은 고객은 미래 보장이나 위험 대비를 위한 현재의 보험료 지출 자체를 부담스러워할 수도 있다. '지금도 먹고 살기 힘든데……'라는 마음으로 아예 포기할 수도 있다. 이럴 때는 준비되지 않았을 경우의 불행을 강조하기보다는, 사전 준비를 해두면 위험이 생겨도 현재의 행복을 이어갈 수 있다는 메시지로 니즈를 환기하는 것이 좋다.

하지만 자산가의 경우는 다르다. 자산가는 현재 충분한 자산이 있기 때문에 군이 보험으로 준비하지 않아도 된다고 생각한다. 특히 자산가에게 노후준비를 위한 연금을 이야기하면 '지금 보유하고 있는 자산을 죽을 때까지 다 쓰지도 못하는데 무슨 연금이 필요한가?'라는 반응이 돌아온다. 그래서 자산가에게는 현재의 상태가 문제가 없는 안전한 상황이 아님을 강조해야 한다. 즉, 불안을 강조하는 니즈 환기 방법이 효과적이다. 자산가는 세금 문제도 그냥 과거의 방식대로 처리하려는 경향이 강하다. '과거에 아무 문제가 없었는데, 굳이 지금 대비할 필요가 있겠어?', '안 걸리고 넘어갈 수도 있을 텐데……'라는 식으로 안일하게 대처하려고 한다. 이런 경우는 정부의 조세정책이 어떻게 변화하고 있고, 변화하는 세금 트렌드에 맞게 과거와는 다른 합리적인 대처방안을 마련해야 한다고 이야기할 필요가 있다.

흔히 자산가와 세금에 대해서 이야기하려면 다양하고 풍부한 세무지식이 있어야 한다고 생각한다. 물론 필요하다. 하지만 그 정도의 정보는 인터넷 검색으로도 알 수 있고, 자산가들은 이미 다 알고 있다고 보면 된다. 자산가에게 신뢰를 얻기 위해서는 다른 이야기를 해야 한다. 예를 들면, 정부 조세정책의 방향과 그에 대한 준비에 대해서 이야기해보는 것이다. 지금부터 자산가 고객과의 상담에서 내가 실제로 적용하고 있는 화법과 세금 트렌드에 대해 소개하고자 한다. 내용이 딱딱할 수도, 머리가 아플 수도 있다. 하지만 자산가 시장을 지향하는 FC라면 세세한 세법 규정은 아니더라도 세금의 전반적인 흐름에 대한 내용은 반드시 숙지하고 있어야 한다.

"고객님, 현재 조세정책을 한마디로 표현하면 '숨은 세원은 끝까지 찾아내 겠다'입니다."

자산과 소득이 있는 곳에 세금은 그림자처럼 따라붙는다. 이탈리아의 경제학자 파레토가 "이탈리아 인구의 20%가 나라 전체 부의 80%를 차지하고 있다."고 주장하면서 유명해진 파레토 법칙처럼 대한민국도 전체 자산의 80%를 상위 20%의 자산가들이 보유하고 있다. 마찬가지로 대한민국 전체 세금의 80%는 상위 20%의 자산가들이 내고 있다.

우리나라는 누진세율 적용과 함께 자산의 종합합산제도에 의해 과세한다. 자산이 많으면 많을수록 과세표준액이 늘어나고, 적용되는 세율 또한 높아지므로 자산가들은 많은 세금을 부담할 수밖에 없다.

정부는 항상 세금을 많이 걷으려고 한다. 세금을 많이 걷을 수 있는 방법은 크게 두 가지가 있다. 첫 번째는 세율을 높이거나 각종 공제를 줄이는 것이다. 하지만 이 방법은 한계가 있다. 과다한 세율 인상으로 국민들의 조세저항이 생길 수 있고, 세금 때문에 사업이나 경제 활동을 국외로 이동할 수도 있기 때문에 세율은 일정 수준 이상 지속적으로 인상할 수 없다. 두 번째는 세율을 조정하지 않고 세수를 확보하는 방법인데, 과소신고소득을 정상화시키고, 탈루 자금을 양성화시키며, 체납된 세금을 거둬들이는 것이다. 현재는 후자의 방법으로 추가 세수를 확보하려는 것이 정부의 기본 조세정책 방향이다. 이러한 기조는 앞으로 더욱 더 강화될 것이다. 신고소득의 정상화 및 불법, 편법 세금 탈루를 막기 위해서는 세무조사를 통한 적발로는 한계가 있다. 이를 시스템으로 해결하고자 만들어진 것이 '국세통합시스템(Tax Integrated System)'이다. 이 시스템은 1997년에 처음 개통되어 지금까지 꾸준히 진화하고 있는데, 2015년에는 2,302억 원을 투자해 '차세대 국세통합시스템(Neo Tax Integrated System)'으로 업그레이드되었다. 이 시스템으로 납세자 개인뿐만 아니라 특수관계인까지 세금에 대한 모든 정보와 자산의 변화 및 흐름이 통합적으로 관리된다.

자산가들은 이 시스템의 집중관리 대상에 포함되는 것을 매우 부담스러워한다. 왜냐하면 이 시스템의 집중관리 대상자는 다른 사람에 비해 매우 강한 강도로 세금 신고에 대한 적정성 여부나 특수관계인들 간 자산의 흐름 등을 집중관리받아 세금 부담이 커지기 때문이다. 우선 금융소득종합과세 대상자가 국세통합시스템의 집중관리를 받을 수 있다. 금융소득과 배당소득을 합산하여 연간 2,000만 원을 초과하는 경우는 해당 초과금액과 다른 소득을 합산하여 종합과세하게 된다. 다른 소득이 많은 고액 자산가는 여타 소득과 금융 및 배당 소득을 합산하여 과세하기 때문에 세금 부담이 커진다. 그리고 이보다 더 큰 부담은 국세통합시스템의 집중관리 대상자가 되는 것이다.

"국세청에서는 고객님과 가족들의 소득변화와 지출의 흐름을 꼼꼼히 살펴보고 있습니다."

자산가와 상담할 때 고객에게 자주 듣는 말이 있다. "우리나라는 세금이 너무 비싸요. 나는 기회가 있을 때마다 은행에서 돈을 인출해서 현금화한 후 자식들에게 조금씩 주고 있죠. 이것까지 어떻게 알겠어요.", "자식한테 증여하려니 세금도 부담되고 이 정도야 큰 문제 있겠어요?", "어떻게 자식에게 줄 때마다 증여신고 하겠습니까? 나도 부모님한테 받을 때 신고하지 않았는데 별 문제 없던데요." 만약 이렇게 생각하고 안일하게 대처하는 자산가가 있다면 소득지출 분석 시스템(Property, Consumption & Income Analysis System, 이하 PCI 분석 시스템)과 금융정보분석원(Financail Intelligence Unit, 이하 FIU) 자금세탁 방지제도에 대해 설명하고, 새로운 조세 시스템에 맞는 합리적인 세금관리(Tax Planning)가 필요함을 설득해야 한다.

PCI 분석 시스템은 연간 재산증가액과 소비지출액을 합산한 금액에서 실제 신고한 소득금액을 뺐을 경우 차액이 발생하면 그 차액을 탈루 혐의 금액으로 보고 집중관리하고 향후 세무조사의 대상으로 선정하는 시스템이다. PCI 분석 시스템에 의한 차액은 미신고 소득 금액이 많을 경우 또는 소득은 제대로 신고했어도 사전증여로 인한 재산 증가로 발생하는 경우가 있다. 이러한 소득과 지출의 분석 시스템은 처음에는 과소 신고를 통한 소득세 탈루를 막을 목적으로 개발되었지만, 지금은 특수관계인들 간의 편법 자금흐름을 막는 용도로 확대되고 있다. 특히 예금을 인출한 후 현금화하여 편법으로 자녀에게 증여하고 있는 경우에는 PCI 분석 시스템에 의해 드러날 수 있다. 만약 금융기관에서 자금을 인출했다면 그 자금으로 새로운 자산을 취득하거나 부채를 상환하는 것이 일반적이다. 그런데 이러한 내용은 없고 계속해서 돈만 빠지고 있다면 자산을 현금화해서 증여 신고 없이 자녀에게 증여하고 있는 것으로 추정하여 그 자금 사용처에 대해 소명해야 하는 상황이 생길 수 있다. 그리고 자녀의 소득은 변화가 없는데 새로운 자산을 취득하게 되면 부모로부터 무상으로 자금을 취득한 것이 아닌지에 대해 소명을 요구받게 될 수 있다. 이렇듯 자산을 현금화하여 자녀에게 주는 일은 증여세 추징을 당할 수 있기 때문에 조심해야 한다고 자산가 고객에게 설명해야 한다.

다음으로는 FIU 자금세탁 방지제도에 대해 이야기하고 대비하도록 설득해야 한다. 이 제도는 개인의 금융거래 정보가 금융정보분석원에 보관되어 관리되는 제도이다. 이 제도는 금융거래의 투명성을 제고하기 위해 시행되고 있는데, 특히 특수관계인 간의 자금이동이 문제가 없는지 또는 이와 관련된 세금을 제대로 신고하고 납부하고 있는지를 확인할 수 있는 제도이다. 예를 들어, 부모가 자녀에게 일정한 금액을 계좌로 송금했을 경우 그 자금에 대한 출처 및 사용내역에 대해 소명해야 하는데, 이를 제대로 소명하지 못하면 증여로 간주되어 가산세를 추징당할 수 있다. 여기서 주의할 점은 만약 특수관계인 간의 금융거래와 관련하여 단기간 내에 자금출처에 대한 소명요청이 없다고 해서 세금 문제가 사라지는 것이 아니라는 점이다. 국세청으로부터의 자금출처 소명요청은 최소 5년간 지켜봐야 한다. 경우에 따라서는 10년 동안의 금융거래 정보에 대해 소명해야 하는 상황이 발생한다. 당장은 자금출처 소명요청이 없어도 이후 세금 관련 이슈나 문제가 발생하면 국세청은 소급하여 과거의 금융거래 내역에 대해 자금출처 소명요청을 할 수 있기 때문에 각별히 주의해야 한다.

"부동산 임대소득 신고, 제대로 하셔야 합니다. 잘못하면 소득탈루로 처분될 수 있습니다."

다음으로는 '부동산 임대업 관리시스템'에 대해 살펴보도록 하겠다. 이 시스템은 국세청이 부동산 임대소득의 투명성 제고를 위해 도입한 것으로 지역별, 상권별로 부동산 임대수입을 데이터베이스화하여 관리하고 있는 것이다. 예를 들어, 역세권의 몇 층짜리 몇 년 된 건물에 대한 임대료는 얼마 정도인지 데이터화되어 있어 임대소득 신고금액이 이와 현저히 차이가 날 경우, 그 이유에 대한 소명을 요구받는다. 공실이 많아서 또는 건물이 오래되어 그렇다는 등과 같은 합리적인 사유를 소명하지 못하면 신고누락으로 인한 고액의 가산세를 추징당할 수 있다.

건물 임대수익이 많은 자산가는 이 시스템에 포착되지 않도록 평소에 임대소득 신고율을 잘 조정할 필요가 있다. 과거 미신고 소득으로 소득탈루의 빈도가 상대적으로 높았던 곳이 임대사업자였다. 임대사업자에 대한 소득신고를 투명하게 하고 소득신고율을 높이기 위해 과세를 강화하고 있고, 특히 다주택자에 대한 양도소득세와 재산세 등 보유세를 강화하는 추세이기 때문에 부동산 보유비율이 높은 자산가들은 더욱 더 세밀한 대비가 필요하다. 이러한 경우 부동산 임대업을 개인이 아닌 법인으로 전환하여 세금에 대한 불이익을 줄여나가고, 법인의 배당정책을 통해 부동산 자산을 자녀의 명의로 서서히 이동하는 다양한 전략을 실행할 필요가 있다고 적극 설득해야 한다. 구체적인 법인 배당정책은 5장 '자산가 컨설팅 Q&A _ 법인 컨설팅' 편에서 구체적으로 살펴보도록 하겠다.

"성실신고확인제도 대상이십니까? 그렇다면 법인 전환을 적극 고려하셔야 합니다."

개인사업자의 고민은 무엇이 있을까? 가장 큰 고민은 성실신고확인제도라고 할 수 있다. 연간 매출액이 일정 수준을 넘으면 이 제도의 적용 대상이 된다. 성실신고확인대상자로 선정되면 실제 세금에 대한 부담이 커진다. 일반적으로는 5월에 종합소득신고를 실시하지만 성실신고확인대상자는 6월 말까지 신고하게 되는데, 종합소득신고에 대해 국세청에서 의뢰한 세무사나 회계사를 통해 신고의 적정성 여부에 대해 검증받아야 한다. 성실신고확인대상자는 의무적으로 실사를 받도록 되어 있기 때문에 일반 종합소득신고자에 비해

소득과 비용처리에 대한 투명성이 높아져서 상대적으로 납세에 대한 실제 부담률도 높아질 수밖에 없다. 성실신고확인제도는 매출액이 큰 개인사업자가 대상이기 때문에 이들 대부분은 종합소득세율 최고 구간에 해당한다. 과거에는 과세표준액이 1억 5천만 원 이상인 경우 38%의 세율을 적용받았다. 하지만 세법 개정으로 5억 원 초과의 경우는 무려 42%의 세율을 적용받게 되면서 세금에 대한 부담은 갈수록 커질 수밖에 없다.

과거에는 개인사업자의 소득신고율이 매우 낮은 편이었다. 현금거래가 많았고 비용처리에도 유연성이 커서 세금에 대한 부담이 상대적으로 적었기 때문이다. 그러나 현재는 신용카드 구매비율이 월등하게 높고, 현금도 현금영수증 발행이 의무이기 때문에 소득의 투명성이 높아졌다. 비용처리 또한 국세통합시스템에 의해 자의적 조정에 한계가 있어 세금의 실제 부담률이 늘어나고 있다. 그렇기 때문에 성실신고확인대상자는 비용으로 처리하기 위한 증빙을 꼼꼼히 준비해야 한다.

종합소득세에 대한 부담이 매우 큰 경우에는 상대적으로 세율이 낮은 법인사업자로 전환하려는 니즈가 생기게 된다. 이 경우 FC는 법인 전환에 관한 합리적인 솔루션을 제공해줄 필요가 있다. 법인 전환 시에도 법인 전환 방법에 따라 세금 문제가 달라지고, 현금자산의 규모에 따라 선택할 수 있는 법인 전환의 형태가 달라질 수 있음을 안내할 수 있어야 한다. 그리고 법인 전환 시에는 주주 구성과 지분을 어떻게 구성할 것인지가 매우 중요한 의사결정 요소이다. 이러한 성실신고확인제도의 주요 내용과 법인 전환 시 고려해야 할 중요 포인트에 대해서는 4장 '자산가 컨설팅 Q&A _ 개인 컨설팅' 편에서 구체적으로 살펴보겠다. 그리고 현재 성실신고확인제도 대상이 아니더라도 법인 전환에 대해 진지하게 고민해야 한다는 것을 반드시 설득하자. 왜냐하면 성실신고확인제도의 대상기준이 계속 낮아지고 있어 언제 대상이 될지 알 수 없고, 성실신고확인제도 대상이었던 개인사업자가 법인으로 전환하게 되면 3년 동안 법인도 성실신고확인을 받도록 제도가 바뀌었기 때문에 현재 성실신고확인대상자가 아니더라도 미리 법인 전환에 대비해야 함을 강조해야 한다.

"자녀 명의로 차명금융거래를 하시면 증여로 추징되고, 형사처벌까지 받을 수 있습니다."

또 한 가지 자산가들이 알아두고 대비해야 할 제도는 차명금융거래금지법이다. 이는 불법행위 목적의 차명금융거래를 금지하는 법으로 2014년 11월 29일부터 강화되었다. 이 법의 핵심은 자녀 이름의 차명예금에 대해서는 증여로 간주하고, 차명금융거래금지법을 위반했을 경우 5년 이하의 징역 또는 5천만 원 이하의 벌금에 처할 수 있다는 점이다. 과거에는 세금을 줄일 목적으로 자녀명의로 계좌를 개설한 경우가 많이 있었지만 현재는 증여로 추정될 수 있기 때문에 계좌개설 시 증여의 문제가 없는지 꼼꼼히 체크해야 한다. 과거에는 크게 문제가 되지 않았던 것이 지금은 국세통합시스템을 통해 전체 자금의 흐름이 추적되고 있고, 자녀 명의로 새로운 자산 취득 시 건별 자금출처 소명이 아닌 자산 전체에 대한 종합적인 자금출처 소명을 요구받을 수 있기 때문에 각별한 주의가 필요함을 고객에게 인식시켜야 한다.

자산가별 주요 니즈는
따로 있다

"자산가 시장을 공략하려면 무엇부터 시작해야 하나요?",

"법인 시장은 용어부터 생소한데 어떤 것을 공부해야 하나요?",

"세금은 워낙 범위가 넓고, 어려워서 공부할 엄두가 나지 않아요. 어떻게 해야 하나요?",

"자산가 대상 컨설팅 내용을 하나로 정리한 책이 있으면 소개해주실 수 있나요?"

내가 자산가 시장에서 컨설팅하고 있는 것을 알게 된 FC들이 한결같이 묻는 질문이다. 결론을 말하자면, 자산가 컨설팅 영역은 몇 가지의 단편적인 지식으로 해결될 수 있는 영역이 아니다. 책 한 권 읽는다고 해서 바로 해낼 수 있는 것도 아니다. 위 질문 하나하나에 내가 가진 지식과 경험만 전달하는 데도 많은 시간이 필요하다. 특별한 노하우만 알고 싶어 하는 사람이 많지만, 노하우를 알려준다고 해도 기본 지식과 자세를 갖추지 않은 상태라면 실제로 도움이 안 된다.

　자산가 고객의 니즈와 관심사는 매우 다양하고 복잡하다. 그것들을 다 이해하고 합리적인 솔루션을 제공하려면 엄청난 양의 학습이 필요하다. 이러한 이유 때문에 많은 FC들이 아예 시작할 엄두를 내지 못하거나 시작해도 중도에 포기하는 경우가 많다. 나는 이러한 고민을 하고 있는 FC들에게 명확한 방법을 제시해주고자 한다. 공부할 때는 계획과 전략이 필요하다. 무턱대고 공부만 시작해서는 안 된다. 구체적인 학습목표와 수준을 정하고 학습해야 할 내용의 목차를 구성하여 하나씩 계획대로 학습해야 한다. 새로운 분야에 관한 공부는 여행과 같다. 여행 갈 때 아무 계획 없이 무작정 떠나지는 않을 것이다. 물론 무작정 떠나는 여행에서도 우리는 많은 것을 보고 느끼고 경험한다. 하지만 FC가 자산가 시장에 새롭게 진입하는 것이 무작정 떠나는 여행이 되어서는 안 된다. 여행을 떠나기 전, 여행의 목적지는 어디로 할 것인지, 어느 정도의 기간에 다녀올 것인지, 가서 무엇을 볼 것인지, 교통편은 무엇으로 할 것인지, 미리 챙겨둬야 할 준비물은 무엇이 있는지 등 여러 가지를 고민하고 준비해야 한다. 짧은 여행을 가기 위해서도 준비할 것이 이렇게 많은데 하물며 자산가 컨설팅을 성공적으로 하기 위한 준비는 어떻겠는가.

　그렇다면 어떻게 공부하고 준비하면 되는지 구체적으로 살펴보도록 하자. 첫 번째는 자산가 고객이 가진 주요 니즈와 고민을 정리해야 한다. 자산가 컨설팅 관련해서 학습해야 할 내용은 너무 많고 다양하다. 이런 광범위한 내용을 아무런 계획 없이 공부하면 쉽게 지치고 중도에 포기하기 쉽다.

우선 자산가들이 가지고 있는 주요 니즈와 관심사들을 리스트 업(List-Up)하고 주요 니즈 하나하나에 해당되는 내용을 학습하는 것이 좋다. 그리고 학습해야 할 범위도 처음에는 주요 니즈 관련 용어를 이해하고, 그것이 자산가 고객에게 왜 문제가 되는지 정리하고, 세부적인 내용은 시간을 두고 보완해나가는 것이 효과적이다. 예를 들면 법인의 가지급금에 대해 공부한다면, 첫 번째 가지급금이 무엇인지, 가지급금이 있을 경우 법인 대표가 받게 되는 불이익은 무엇인지 먼저 이해하고, 그다음으로는 가지급금을 해결하기 위한 방법에 대한 큰 틀을 이해하고, 세부적인 내용과 절차, 규정에 대한 부분은 맨 나중에 시간을 두고 학습해나가는 방식이다. 즉, 전체적으로 학습해야 할 주제들을 정하고 하나씩 확대해가는 방식으로 해야 한다. 여행을 갈 경우 주어진 예산과 기간이 정해져 있는데 여행지 한 곳에서 너무 오랜 시간 머문다면 주어진 일정 안에 다른 여행지는 경험하지 못하는 문제가 발생하는 것과 같은 이치이다. 큰 그림을 먼저 이해하고 세부적인 내용은 차츰 채워가도록 하자. 그렇다면 자산가들이 가지고 있는 주요 니즈와 관심사는 무엇이 있을까?

자산가 고객의 니즈는 크게 세 가지 직군별(법인사업자, 개인사업자,

고소득·전문직)로 나누어서 살펴볼 수 있다. 여기서는 전체적인 니즈를 정리하고, 각 항목별 구체적인 개념과 솔루션에 대한 것은 4장과 5장에서 구체적인 사례를 중심으로 자세히 살펴보겠다.

법인사업자 시장의 주요 니즈

❶ 법인 자산 및 잉여자금 활용은 어떻게 해야 하나요?

❷ 설립한 지 얼마 안 된 법인인데 재무제표 관리는 어떻게 해야 하나요?

❸ 가지급금, 가수금을 처리할 수 있는 좋은 방법이 있나요?

❹ 이익증가로 인해 법인세 증가가 고민되는데 합리적인 절세방법이 있나요?

❺ 배당 및 소득증가로 인해 소득세가 올라가는데 합리적인 절세방법이 있나요?

❻ 임원의 퇴직금 지급규정이 미비한데 어떻게 해야 하나요?

❼ 가업승계와 연관된 개인 자산 사전증여 설계는 어떻게 해야 하나요?

❽ 법인 및 개인 자산에 대해 절세가 가능한 종합적인 승계방법이 있나요?

❾ 차명주식이 있는데 어떻게 회수해야 하나요?

❿ 법인 세무조사 시 어떤 점에 유의하고 어떻게 사전 준비를 해야 하나요?

⓫ 기업분할과 관련된 증여 및 창업설계는 어떻게 해야 하나요?

⓬ 가업승계 시 증여세 과세특례 활용은 어떻게 해야 하나요?

⓭ 후계자 선정 및 양성은 어떻게 해야 하나요?

⓮ 동업자 사망 시 경영상의 위험을 줄일 수 있는 방법이 있나요?

개인사업자 시장의 주요 니즈

❶ 가업승계 시 개인 자산의 사전증여 설계는 어떻게 해야 하나요?

❷ 자산취득 시 자금출처 조사에 대한 대응방안은 무엇인가요?

❸ 미신고 소득을 처리할 수 있는 방법은 무엇인가요?

❹ 보유한 부동산의 전망과 절세방법은 무엇이 있나요?

❺ 부동산 관련 절세방법은 무엇이 있나요?

❻ 부동산을 임대하는 경우 절세할 수 있는 방법이 있나요?

❼ 부동산 취득 시 다운계약서를 작성하면 어떤 불이익이 있나요?

❽ 종합부동산세에 대비한 합리적인 방법이 있나요?

❾ 부동산을 부부 공동명의로 하는 것이 유리한가요?

❿ 퇴직금이 없는데 어떻게 노후를 준비해야 하나요?

⓫ 은퇴 후 현재의 사업을 승계해야 할지, 만약 한다면 어떻게 하는 것이 합
리적인가요?

⓬ 법인 전환에 대해 고민하고 있는데 어떻게 해야 하나요?

⓭ 성실신고확인제도가 무엇이고 어떻게 대비해야 하나요?

⓮ 합리적인 상속 및 증여 방법은 무엇인가요?

고소득·전문직 시장의 주요 니즈

❶ 불시 세무조사에 대비하여 무엇을 준비해야 하나요?

❷ 금융소득종합과세 해당여부 및 해결방법은 무엇인가요?

❸ 자산증식을 위해 합리적인 투자 포트폴리오 구성은 어떻게 해야 하나요?

❹ 개업 및 확장을 고민하고 있는데 어떻게 자금을 마련해야 할까요?

❺ 토지보상에 대한 절세방법은 무엇인가요?

❻ 조기사망 시 경제적 가치를 보전할 수 있는 방법이 있나요?

❼ 자산취득 시 자금출처 조사에 대한 대응방안은 무엇인가요?

❽ 현재의 대출을 상환하고 교체하는 좋은 방안이 있나요?

❾ 자산이 많아 상속세가 고민인데 합리적인 준비방법이 있나요?

❿ 자녀에게 사전에 증여하는 것이 필요하다는데 어떻게 해야 하나요?

2장

대화법을 바꾸면 고객이 보인다

고객이 원하는
화제를 찾아내라

FC가 만나는 자산가 고객의 유형은 매우 다양하다. 똑같은 사람은 단 한 명도 없다. 연령, 처해 있는 상황이나 환경, 가족 구성원, 자산 현황, 재무목표 등에 따라 각자 다른 니즈가 있다. 특히 자산가는 자신만의 고유한 성향이 있는데, 일반 고객보다 주관이 훨씬 더 강한 편이다. 자산가는 보험은 필요하지 않다는 인식이 강하고, 돈을 써야 한다는 이야기이다 보니 대화에 소극적이다.

또한 자산가들은 지금의 자산을 이루기까지 자신만의 성공 경험과 노하우가 있다. 그리고 자신의 성공 경험에 대한 강한 신념이 있기 때문에 새로운 자산관리의 방법에 대해서는 거부감이 강한 편이다. 이런 특성 때문에 자산가 고객은 일반 고객에 비해 설득하기가 몇 배나 힘들다. 당연히 아무 준비 없이 상담에 임해서는 실패를 경험할 수밖에 없다. 실제로 많은 FC들이 자산가 고객과의 상담을 매우 어려워한다. 처음에는 아주 열정적으로 자신감 있게 자산가 시장에 진입했다가 대화가 되지 않는 엄청난 벽을 경험하고는 의욕을 잃어버리고 더 이상 도전하려고 하지 않는 경우가 많다. 심지어는 실패에 대한 두려움 때문에 아예 시도조차 하지 않는 안타까운 경우도 많다.

자산가 고객이 FC를 신뢰하고 진정한 조언자로 인식하기 위해서는 상담과정에서 효과적인 커뮤니케이션 기법이 필요하다. 우선 자산가 고객 특유의 유형을 파악할 수 있어야 한다. 그래야 고객 유형에 맞는 스타일로 대화를 진행할 수 있다. 자산가 고객이 원하는 스타일로 상담을 하면 상담과정에서 의심이나 거부감이 줄어들 수 있다. '내가 상대방에게 바라는 것이 있다면, 상대방이 원하는 대로 이야기 하라!' 이것이 바로 자산가 고객과의 대화에서 성공할 수 있는 핵심이다.

이 책은 효과적인 커뮤니케이션 스킬, 고객과 신뢰를 조성할 수 있는 방법, 고객 유형별 접근 및 공략 방법을 습득하고 현장에 적용하여 실천할 수 있도록 하는 것을 목표로 하고 있다.

우리는 모두 성공적인 커뮤니케이션을 원한다. 하지만 생각처럼 쉬운 일은 아니다. 전문지식이 많으면 자산가 고객의 신뢰를 얻을 수 있다고 생각하는 FC에게 이야기하고 싶다. 신뢰는 지식으로만 채워지는 것이 아니라는 것을. 자산가 고객이 FC와의 대화에 적극 참여하고 귀가 아닌 가슴으로 경청할 수 있는 상황을 만들지 못한다면 그 많은 전문지식은 주머니 속에서 한 번도 꺼내보지 못하고 그냥 쓸쓸히 돌아오는 경험만 하게 될 것이다.

사람의 귀는 귓바퀴가 오목하게 구부러져 있는데, 이는 상대방의 이야기를 잘 듣기 위해서라고 한다. 하지만 고객은 세일즈맨이 방문하면 귓바퀴 모양이 뒤집어진다고 한다. 즉, 대화에 적극적으로 참여 안 하고 형식적으로 끄덕끄덕하다가 대화를 빨리 끝내려고 한다. 이러한 상황에서는 FC가 아무리 좋은 정보를 제공해도 고객은 공감하지 못한다. 결국 FC는 고객을 설득하는 데 실패하게 된다.

그렇다면 FC가 가장 먼저 해야 할 일은 무엇일까? 뒤집혀 있는 귀에 대고 많은 정보를 제공하기 이전에 고객의 귀 모양부터 바꾸어 놓아야 한다. 그래야 비로소 FC와 제대로 대화할 수 있는 상태가 되고, 그동안 열심히 공부하고 준비한 전문성을 보여줄 수 있게 된다.

많은 FC들이 자산가 고객과의 커뮤니케이션에 어려움을 호소하고 있다. 고객과 커뮤니케이션이 제대로 되지 않으면 서로의 니즈를 파악할 수 없고, 자칫하면 오해와 갈등만 커질 수 있다. 신뢰형성은 당연히 어렵고, FC가 원하는 계약도 성사되기 어렵다. 이런 일이 계속 반복되면 FC는 자신의 업(業)에 대한 자신감까지 잃게 될 가능성이 있다. 이러한 일은 일어나서도 안 되고 반복되어도 안 된다. 그러면 자산가 고객과 어떻게 대화해야 하는지 구체적으로 살펴보자.

대화가 잘 되는 사람과
잘 안 되는 사람의 차이

커뮤니케이션 능력이란 자기 자신과 남을 이해하여 생산적인 인간관계를 구축해가는 능력이다. 그렇다면 성공적인 커뮤니케이션이 이루어지기 위해서는 어떤 요소가 필요할까?

세일즈를 하다 보면 유난히 대화가 잘 되고 대화할 때 편안한 고객이 있는가 하면, 유독 대화가 잘 안 되고 화제를 이어가기 어려워 더 이상 대화하기 싫은 고객이 있다. 세일즈에서뿐만 아니라 일상생활에서 친구들과 회사동료들, 가족들 간에도 대화가 잘 되는 사람과 그렇지 않은 사람이 있다. 이유는 무엇일까? 내가 대화하는 방식에 문제가 있다면 모든 사람과 대화가 안 되어야 하는데 그렇지는 않다. 하지만 이상하게 대화가 지속되지 않는 사람이 있다면 그 이유가 무엇인지 먼저 생각해봐야 한다.

놀라운 성과를 창출하는 세일즈의 프로로 불리는 사람들도 만나는 모든 사람과 대화가 잘 통하는 것은 아니다. 지금부터 그 이유를 함께 생각해보자. 눈을 감고, 나와 대화가 잘 되는 사람과 대화가 잘 안 되는 사람을 각각 한 사람씩 떠올려보자. 다음으로는 대화가 잘 되는 사람은 어떤 행동 특성이 있는지 정리해보자. 같은 방식으로 대화가 잘 되지 않는 사람은 어떤 행동 특성이 있는지도 정리해보자.

FC를 상대로 하는 교육과정에서 내가 "어떤 사람과 대화가 잘 되나요?"라고 물어보면 다음과 같은 사람이라고 이야기한다. '긍정적인 사람', '내 이야기를 잘 들어주는 사람', '나와 비슷한 취미를 가진 사람', '나와 관심사가 비슷한 사람', '상대방을 잘 배려하는 사람', '나와 비슷한 연령대인 사람', '내 상황과 비슷한 사람', '자산수준이 비슷한 사람' 등으로 이야기한다. 주로 긍정적인 표현이다. 반면 대화가 잘 되지 않는 사람은 '자기 고집이 강한 사람', '부정적인 사람', '자기주장이 강한 사람', '자기 이야기만 하는 사람', '돈이 많은 사람', '배우자' 등으로 부정적인 표현이 대부분이다. 재미있는 사실은 많은 사람들이 본인의 배우자를 대화가 잘 안 되는 사람으로 생각하고, 돈이 많은 부자들도 대화하기 힘든 사람이라고 생각한다는 점이다. 그런데 여기서 중요한 것은 대화가 잘 되는 사람과 안 되는 사람에 대한 표현들이 매우 주관적이라는 사실이다. 그리고 상대가 누구냐에 따라 행동 특성에 대한 판단이 달라진다는 점이다.

예를 들어 A, B, C 세 명이 있다고 가정해보자. A와 B는 대화가 잘 되고, A와 C는 대화가 잘 되지 않는다. 그런데 B와 C는 대화가 잘 되는 경우가 있을 수 있다. 이 경우 A가 볼 때 B와는 대화가 잘 되기 때문에 긍정적인 행동 특성으로 표현하지만, C는 부정적인 행동 특성으로 표현하게 된다. 하지만 B는 C와 대화가 잘 되기 때문에 B와 C는 서로를 긍정적인 행동 특성으로 판단할 것이다. 만약 대화가 잘 되고 안 되는 사람의 구분이 그 사람 자체의 성향에 문제가 있다면 대화가 잘 되는 사람은 모든 사람과 대화가 잘 되고, 대화가 잘 되지 않는 사람은 모든 사람과 대화가 잘 되지 않을 것이다.

　하지만 현실에서는 그렇지 않다. 기본적으로 가지고 있는 성향에 따라 정도의 차이는 있겠지만 나와는 대화가 안 되는 사람이지만 그 사람에게도 서로 호흡이 맞는 대화의 상대가 있다. 즉, 대화가 잘 되는 사람과 안 되는 사람의 구분은 상대적이고 서로의 관계에 따라 달라질 수 있다.

　그렇다면 이러한 결과가 생기는 원인은 무엇일까? 여러 가지 요인이 있겠지만 가장 중요한 요인은 바로 '신뢰'이다. 상호 신뢰가 형성되어 있으면 상대방의 행동 특성을 긍정적으로 보고, 반대로 신뢰가 형성되어 있지 않은 관계라면 부정적으로 판단하는 것이다. 고집이 매우 센 사람도 서로 신뢰가 쌓여 있는 사이라면 '저 사람은 자기 주관이 뚜렷한 사람이야'라고 긍정적으로 생각하고, 반대로 상대방을 잘 배려하고 이야기를 잘 들어주는 사람도 서로 신뢰가 형성되어 있지 않으면 '저 사람은 너무 우유부단해서 쉽게 결정을 내리지 못해'라고 부정적으로 표현할 수 있다. 여기서 우리가 유심히 살펴봐야 하는 것 중 하나는 대화가 잘 되는 사람의 행동 특성 중에 '나와 공통의 관심사나 니즈를 가지고 있는 사람'이라는 표현이다. 상대방과 진지한 대화로 깊숙이 들어가기 위해서는 신뢰를 바탕으로 한 공감대 형성이 왜 중요한지를 알려주는 메시지이다. 앞서 자산가 시장을 크게 법인사업자, 개인사업자, 고소득·전문직으로 구분하여 해당 그룹별로 관심사나 니즈를 다르게 파악한 이유가 바로 여기에 있다.

자산가의 관심사항을 FC가 이해하고 있고 함께 고민할 수 있으며 해결방법까지 같이 만들어간다면, 상호 공감대 형성에서부터 발전하여 신뢰의 단계까지 갈 수 있다. 반면 대화가 잘 안 되는 사람으로 이야기한 '부자'에 대해서는 어떻게 해석해야 할까? 이 또한 공감대 형성이 안 되었기 때문이다. 자산가의 관심사는 일반인과는 사뭇 다른 부분이 있다. 자산을 이루기까지 해왔던 자기만의 자산관리 방법에 대한 강한 확신도 있다. 그래서 초보 FC는 자산가와 신뢰가 형성되지 않은 상태에서 '자신의 주장이 지나치게 강한 사람', '상대방 이야기를 잘 안 듣는 사람', '나와는 너무 다른 사람'으로 그들을 예단하고 대화하기 어렵고 불편한 사람으로 분류하게 된다. 그러면 자산가와 대화하는 일 자체가 두려워진다.

대화가 잘 안 되는 사람은 더 이상 만나지 않으면 된다. 앞으로 만나지도 않을 사람들과 대화를 잘하기 위해 노력할 필요는 없다. 모든 사람과 잘 지내야 한다는 생각으로 스트레스 받을 필요도 없다. 하지만 앞으로 계속 만나야 하는 사람이라면, 그리고 성공하기 위해서 꼭 만나야 하는 사람이라면 문제는 달라진다. 자산가 시장에서 성공하려면 자산가를 만나야 한다. 그들과 잘 대화하기 위해 연구해야 한다. 그것이 싫다면 자산가 시장은 포기하는 게 좋다. 그렇다면 자산가와 공감대 형성을 통해 신뢰를 쌓아나갈 수 있는 방법은 무엇일까? 좀 더 구체적으로 살펴보자.

'신뢰조성'은
성공적인 대화의 핵심

성공적인 커뮤니케이션의 가장 중요한 요소가 신뢰라는 점에 우리는 공감했다. 상호간에 신뢰가 조성되어 있다면 상대방의 행동 특성을 긍정적으로 판단하게 된다. 여기서는 신뢰조성을 중심으로 한 효과적인 커뮤니케이션 방법을 살펴보겠다.

FC가 고객과 신뢰를 조성하려면 먼저 겉으로 드러나는 고객의 행동을 관찰할 필요가 있다. 당신이 알고 있는 누군가를 다른 사람에게 설명할 때 어떻게 이야기하는지 생각해보자. 예를 들어, 개그맨 유재석에 대해 설명할 때 여러분은 어떻게 이야기하겠는가? '안경 긴 개그맨', '메뚜기와 닮은 개그맨', '입이 튀어나온 개그맨' 등 겉모습을 보고 이야기할 것인가? 아니면 '배려심이 많은 사람', '착한 사람', '가정적인 사람' 등으로 표현할 것인가?

겉으로 보이는 모습, 다른 사람들도 함께 알고 있는 모습을 중심으로 표현하는 것을 '묘사'라고 한다. 반대로 개인적인 생각이 들어간 표현은 '판단'이라고 한다.

커뮤니케이션을 할 때는 될 수 있으면 판단을 먼저 하지 말고 객관적인 사실만 묘사해야 한다. 판단을 먼저 하면 오류가 생길 가능성이 높기 때문이다. 특히 자산가 고객의 유형을 정확하게 분석하기 위해서는 '그 사람은 어떤 사람이야'라고 미리 판단하지 말고 그 고객에 대한 객관적인 사실에 근거하여 겉으로 드러난 모습을 중심으로 분석해야 오류를 범하지 않을 수 있다.

겉으로 보이는
10%를 분석하라

사람과 사람이 신뢰를 쌓아가는 방법 중 하나는 그 사람을 객관적으로 관찰할 수 있는 말과 행동을 통해서 가능하다. 빙산은 수면 위로 올라와 있는 부분 10%와 수면 아래 있어 눈에 보이지 않는 90%로 이루어져 있다. 우리는 수면 위의 10%만 보고 빙산 전체를 봤다는 오류를 범하지 않아야 하고 또한 수면 아래의 90%를 너무 쉽게 판단해서도 안 된다.

고객의 유형을 분석할 때 가장 유의할 점은 섣불리 판단하지 않는 것이다. 만약 고객의 유형을 실제와는 다르게 잘못 판단한 후 상담에 임한다면 오히려 커뮤니케이션이 단절되는 결과로 이어질 수 있다. 고객 유형 분석에서 오류가 생기지 않으려면 객관적으로 보이는 행동을 중심으로 분석해야 한다. 우리는 빙산처럼 겉으로 드러나는 10%의 행동으로만 그 사람을 알 수 있다. 그보다 더 많이 그 사람의 내면에 숨은 욕구를 알고 싶어 하지만 단기간에 쉽게 알아내기는 힘들다. 그래서 체계적인 분석기법으로 고객 유형을 분석할 필요가 있다.

내가 이야기하려는 신뢰조성 모델은 겉으로 보이는 10%의 영역을 보고 고객 유형을 파악하는 방법이다. 이를 두고 "10%만 보고 고객 유형을 파악하는 방법은 문제가 있지 않나요?" 하면서 이의를 제기할 수도 있다. 물론 10%의 정보만으로 고객 유형을 파악하는 데는 한계가 있다. 하지만 객관적인 사실만을 보지 않고 주관적인 판단이 더해지면 고객 유형 분석에 오류가 생길 여지가 많아진다. 10%의 객관적인 사실에 근거한 고객 유형 분석이 효과적인 이유는 겉으로 드러나는 모습이나 표현에는 고객의 기본적인 욕구가 드러나기 때문이다. 사람은 저마다 다른 행동 특성을 가지고 있는데, 비슷한 행동 특성에 따라 몇 가지 유형으로 나눌 수 있다. 그렇다면 어떤 방법으로 고객의 유형을 파악할 수 있는지에 대해 살펴보자.

최종 구매결정을 하는 사람은 고객이다. 따라서 고객이 좋아하는 방법으로 그들을 대해야 한다. '고객이 원하는 방법으로 상담하라'는 판매 황금률이 있는 이유다. 고객은 각기 독특하고 특별한 존재이다. 그런데 만나는 모든 고객에게 동일한 판매 접근 방법을 쓰거나 똑같은 이익에 대해서 호소한다면 어떨까?

FC는 세일즈 형태를 자기만의 방식이라는 명목으로 한 가지만을 고집해서는 안 된다. 사람의 행동 유형에는 타고난 유형이 있고 살면서 습득한 사회적 유형이 있다. FC가 자신의 행동 유형과 고객의 행동 유형을 파악하고 상담에 임한다면 상담 진행 과정과 결과가 달라질 수 있다. FC는 먼저 직접 보고 듣고, 만질 수 있는 것에 집중해야 한다. 고객 개인의 특성을 인식하고 파악하는 일은 상담을 성공으로 이끄는 시작점이 된다.

우선 자신에게 물어보자. '나는 고객이 어떤 유형인지 알고 있는가?', '나는 내가 어떤 유형의 FC인지 알고 있는가?', '나는 고객의 유형에 따라 상담 전략이 달라지는가?'라는 질문에 '아니오'라고 답한다면 고객 유형별 상담기법을 적극적으로 학습하고 상담과정에 적용하는 것부터 배워야 한다.

눈에 보이는 감정표현 방식과 귀로 들을 수 있는 의사표현 형태에 따라 크게 네 가지 유형으로 고객을 나눌 수 있다. 각 유형은 모두 긍정적인 면과 부정적인 면이 함께 있다. 고객의 유형은 감정표현이 열리고(개방적) 닫힌(자제) 정도와 의사표현의 직설적, 우회적 정도에 따라 표현형, 배려형, 사고형, 리더형으로 나눌 수 있다.

감정표현과 의사표현을 읽으면
고객이 보인다

고객 유형을 분류하기 위해서는 명확한 구분 방법이 필요하다. 우선 유형을 분류하기 위한 기준에 대해 살펴보겠다.

◎ 감정표현과 의사표현의 형태에 따라

첫 번째는 감정표현을 개방적으로 하느냐 자제하느냐로 구분할 수 있다. 감정표현, 즉 즐거움, 기쁨, 슬픔, 노여움 등의 감정을 얼굴에 드러내는 정도를 말한다. 감정 상태가 겉으로 드러나는 유형과 전혀 드러나지 않는 유형이 있다.

두 번째는 자신의 의사를 직설적으로 표현하느냐, 아니면 완곡하게 표현하느냐로 구분할 수 있다. 의사표현을 직설적으로 한다는 것은 자신의 의견을 거르지 않고 바로 표현하는 유형이고, 완곡하게 표현한다는 것은 자신의 의견을 바로 표현하지 않고 빙빙 돌려 이야기하는 유형이다. 감정표현을 개방적으로 하느냐 자제하느냐는 눈에 보이는 모습이고, 의사표현을 직설적으로 하느냐 우회적으로 하느냐는 귀로 듣는 부분이다. 우리는 상대방의 유형을 파악하려고 할 때 다양한 요소를 함께 고려한다. 하지만 고려해야 할 요소가 너무 많으면 유형분류에 오류가 발생할 수 있다. FC는 객관적인 판단을 위해서 눈에 보이는 것과 귀로 듣는 객관적인 요소만으로 유형을 분류하는 훈련이 필요하다. 감정표현 방식과 의사표현 방식을 잘 파악할 수 있도록 각각의 행동 특성을 매트릭스 형태로 살펴보자.

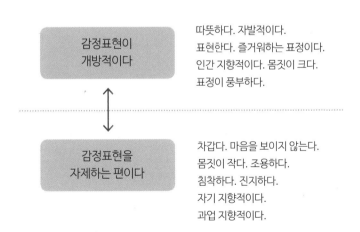

감정표현이
개방적이다

따뜻하다. 자발적이다.
표현한다. 즐거워하는 표정이다.
인간 지향적이다. 몸짓이 크다.
표정이 풍부하다.

감정표현을
자제하는 편이다

차갑다. 마음을 보이지 않는다.
몸짓이 작다. 조용하다.
침착하다. 진지하다.
자기 지향적이다.
과업 지향적이다.

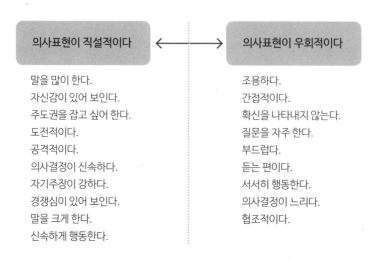

의사표현이 직설적이다	의사표현이 우회적이다
말을 많이 한다.	조용하다.
자신감이 있어 보인다.	간접적이다.
주도권을 잡고 싶어 한다.	확신을 나타내지 않는다.
도전적이다.	질문을 자주 한다.
공격적이다.	부드럽다.
의사결정이 신속하다.	듣는 편이다.
자기주장이 강하다.	서서히 행동한다.
경쟁심이 있어 보인다.	의사결정이 느리다.
말을 크게 한다.	협조적이다.
신속하게 행동한다.	

감정표현과 의사표현의 정도에 따라 다음과 같은 네 가지의 유형
으로 구분할 수 있다.

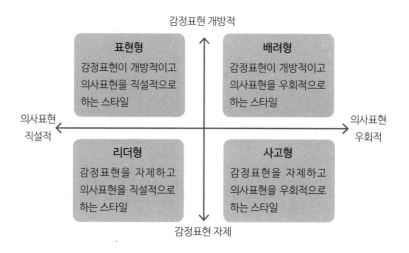

감정표현 개방적

표현형
감정표현이 개방적이고
의사표현을 직설적으로
하는 스타일

배려형
감정표현이 개방적이고
의사표현을 우회적으로
하는 스타일

의사표현
직설적

의사표현
우회적

리더형
감정표현을 자제하고
의사표현을 직설적으로
하는 스타일

사고형
감정표현을 자제하고
의사표현을 우회적으로
하는 스타일

감정표현 자제

그렇다면 각 유형별 행동 특성은 어떤 것이 있는지 살펴보자. FC는 유형별 행동 특성을 숙지한 후 고객의 유형을 분석하면 된다. 다음은 유형별로 그 특성을 나타내는 표현이다.

- 표현형: 자극하는, 열정적인, 패기 있는, 창의적인, 주장하는, 의견이 많은, 다변적인, 직관적인, 교육적인, 개인적인, 열성적인, 충동적인, 극적인, 사교적인, 흥분하는, 선동적인, 비규율적인
- 배려형: 친근한, 돌보는, 도움을 주는, 협조적인, 신뢰를 잘하는, 좋은 인상을 주는, 예민한, 인간 지향적인, 태평한, 수동적인, 신비적인, 내향적인, 지적인, 정중한, 우호적인, 우유부단한
- 사고형: 침착한, 구체적인, 자세한, 정확한, 말이 적은, 내향적인, 생각을 많이 하는, 메모를 잘하는, 부지런한, 고집이 센, 신중한, 정확한, 경계적인, 비판적인, 질서적인, 독립적인
- 리더형: 결정적인, 주도적인, 결과 지향적인, 비용에 민감한, 성급한, 시간에 민감한, 단호한, 요구가 많은, 철저한, 지배적인, 결단력이 강한, 엄격한, 진취적인, 능률적인, 완고한

만약 이 네 가지 기준만으로 고객의 유형을 분류하기 어렵다면 또 다른 기준을 추가해서 고객 유형을 분석하는 데 활용해야 한다.

감정표현을 개방적으로 하는 표현형과 배려형은 '인간관계(Relationship) 중심'이고, 감정표현을 자제하는 편인 사고형과 리더형

은 '일(Task) 중심'이다. 인간관계를 중시하는 유형은 사람과 사람 간의 유대관계에 더 집중한다. 즉, 상담과정에서 일보다는 관계형성에 더 관심이 있고, 일을 처리하는 데 있어 상대방의 마음에 대해서 더 많이 집중한다. 반면, 일 중심 유형은 상호간의 유대관계나 관계형성보다는 업무와 일 중심으로 생각하고 추진해나간다. 그리고 인간관계를 중시하는 표현형과 배려형 중 표현형은 인간관계에서 '나' 중심이지만, 배려형은 '우리' 중심이다. 표현형은 인간관계를 중시하면서도 나를 중심으로 인간관계 형성을 주도하고, 배려형은 '나'보다는 '우리'라는 공동체 의식이 더 강하다.

대화를 나눌 때도 표현형과 배려형은 확연히 구분된다. 표현형은 모든 대화를 본인이 적극 끌어가고, '나'에 관한 이야기가 주로 진행되기를 바란다. 반면, 배려형은 본인의 이야기보다는 모두가 같이 할 수 있는 주제로 '함께' 하려는 경향이 있다. 일 중심 유형 중 리더형은 일의 '결과'를 중시하고, 사고형은 일의 '과정'을 중시한다. 즉, 리더형은 일의 과정보다는 결과를 중심으로 이야기하길 원하고, 실제로 빠른 결과 도출을 목표로 커뮤니케이션한다. 사고형은 결과보다는 일의 진행과정 자체에 관심이 많고, 일의 진행과정에서 발생하는 다양한 위험을 어떻게 하면 제거하고, 안전하게 진행할 수 있을까에 집중한다.

고객 유형 분석은 상담을 위한 전략을 수립하는 데 매우 중요한 요소이기 때문에 신중하게 진행해야 하며, 한두 가지 사항만으로 설

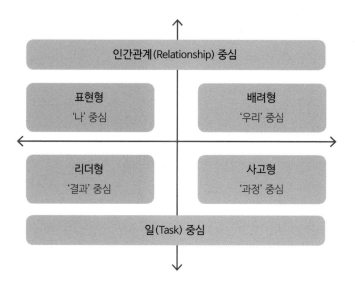

불리 단정지어서는 안 된다. 감정표현이 개방적인지 자제하는 편인지, 의사표현을 직설적으로 하는지 우회적으로 하는지에 따라 일차적으로 유형을 분석하고, 인간관계가 '나' 중심인지 '우리' 중심인지, 일은 '결과' 중심인지 '과정' 중심인지를 입체적으로 살펴보는 유형 분석 과정이 필요하다.

고객 유형별 기본 욕구와
니즈를 파악하라

다음으로는 유형별로 어떤 욕구와 니즈를 가지고 있는지를 파악해야 한다. 유형별로 가지고 있는 기본적인 욕구와 니즈에 대해 정리하고 어떠한 전략으로 상담에 임해야 하는지 구체적으로 살펴보자.

◎ 유형별 욕구와 니즈

표현형: '개인에 대한 인정과 칭찬'을 원한다

이 유형은 얼굴과 표정에 지금의 감정 상태가 어떤지 쉽게 드러난다. 자신의 의사를 직설적으로 이야기하고, 일보다는 인간관계를 중시하며, 대화를 '나' 중심으로 끌어가기를 원하는 경향이 강하다. 이 유형은 기본적으로 유쾌하고 상대방에게 호감을 줌으로써 상황을 편안하게 유지하려고 한다. 표현형은 수다스럽고, 논쟁은 자극적이며 세밀하고, 숙고해야 할 내용에는 싫증을 낸다. 그리고 빨리 결정 짓고 싶어 하며, 자기주장의 관철을 위해 감정에 호소하기도 한다. 이 유형은 '개인에 대한 인정과 칭찬'에 대한 욕구가 다른 유형에 비해 유달리 강한 편이다. 그래서 이 유형과 상담을 진행할 때는 고객 본인에 대한 이야기를 중심으로 해야 하며, 자주 칭찬하면 효과적이다. 이 유형의 고객 사무실을 방문해보면 대부분 개인이 받은 상장이나 트로피, 그리고 유명인과 함께 찍은 사진 등 개인의 성공을 알릴 수 있는 것들이 많이 전시되어 있다. 이 경우 전시된 사진이나 상장 등에 대한 내용을 물어보면서 적극적으로 호응하고 칭찬하는 전략이 필요하다. 그리고 이 유형은 고객 본인이 적극적으로 많은 이야기를 하는 편이기 때문에 고객의 성공 스토리를 적극적으로 들어주면 좋다.

표현형 고객과 식사 장소를 잡을 때도 전략이 필요하다. 이 유형은 유명 식당을 선호하고, '최고', '최초'라는 표현을 듣기 좋아한다. "이 레스토랑은 미슐랭 가이드에 소개된 유명한 곳입니다. 제 고객 중에 처음으로 대표님을 초대했습니다."라는 식으로 표현하면 좋다. 이 유형과 상담할 때는 세세한 정보를 전달하는 것보다 큰 그림을 그려서 윤곽만 보여주는 방법이 효과적이다. 제안서를 만들 때도 가능하면 큰 글씨로, 글자보다는 그림으로 보여주는 것이 좋다. 그리고 이 유형은 계약서에 사인을 받기가 다른 유형에 비해 상대적으로 쉽다. 반면 계약 이후에 유지가 안 될 확률이 높은 편이므로 계약 이후에도 관심을 보이면서 지속적으로 관리해야 한다.

표현형 고객은 과장을 잘하면서도 피상적으로 이야기하며, 과도한 약속을 하면서 이후 실행력이 떨어지는 경향이 있다. 그렇기 때문에 상담과정에서 나온 이슈에 대해 꼼꼼하게 챙기는 세밀함이 필요하다. 표현형은 자극적인 요소가 중요하다. 이들은 자신의 영감과 직관에 도움을 주는 사람에게 호의적이다. 그리고 관심을 갖는 시간이 짧기 때문에 FC는 고객이 흥미를 잃지 않도록 주의를 기울여야 한다.

배려형: '타인으로부터 용납과 수용'을 원한다

이 유형은 현재의 감정 상태가 얼굴 표정에 쉽게 드러나지만, 자신의 의사를 바로 표현하지 않고 빙빙 돌려서 이야기하는 경향이 강하다. '일'보다는 '인간관계'를 중시하며 개인에 대한 집중보다는 '우리'라는 공동체, 단합 등을 원한다. 배려형은 남의 이야기를 많이 경청하며, 질문을 받아야만 의견을 말하고, 경쟁보다 양보를 택한다. 단결력이 강하고 집단 내에서 갈등을 해결하는 능력이 있다. 이러한 유형의 기본적인 욕구와 니즈는 '타인으로부터 용납과 수용'이다. '우리'라는 공동체를 중시하기 때문에 그룹이나 단체에 속하길 원하며 타인의 의견을 쉽게 수용하는 경향이 있다.

배려형은 다른 유형에 비해 소속감이 없을 때 스트레스를 가장 많이 받는다. 예를 들어, 대화 중간에 참여하게 된 배려형은 무슨 이야기를 나누었는지에 대해 매우 궁금해하고, 대화에서 배제되면 불안해한다. 배려형의 사무실을 방문하면 주로 가족사진이나 회사 직원들과 함께 찍은 사진들이 보인다. 이 유형과 상담할 때는 주로 '가족'과 '팀'에 관련된 이야기로 대화의 실마리를 푸는 것이 좋고, 질문을 적극적으로 하면서 대화를 이끌어가야 한다.

배려형과 식사할 때는 회사 구내식당이나 가족적인 분위기를 느낄 수 있는 장소, 가능하다면 고객의 자택이 효과적이다. 배려형은 타인에 대한 배려가 강하고 상대방에게 결정을 위임해버리는 경향이 강하기 때문에 상대적으로 우유부단해 보일 수 있다. 그래서 계약 체결을 머뭇거리면서 쉽게 결정하지 못하는 경우가 많다. FC는 실행을 촉구하는 자세로 좀 더 적극적으로 상담에 임해야 한다.

사고형: '올바른 정보를 통한 안정성'을 원한다

사고형은 감정 상태가 얼굴 표정에 전혀 드러나지 않는 이른바 '포커페이스' 유형이다. 자신의 의사를 바로 표현하지 않고, 인간관계보다는 '일'과 '업무'를 중시하며, 결과보다는 일을 하는 '과정'에 집중한다. 이 유형은 정확성이 가장 중요하다. 충실한 자료와 증거에 대해 호의적이므로 제대로 된 자료를 성실하게 제공해야 하며, 모호한 대화나 설명은 피해야 한다. 이러한 유형의 고객은 '올바른 정보를 통해 안전한 의사결정'을 하고자 하는 욕구가 강한 편이다. 자신의 감정 상태를 잘 드러내지 않고 의사표현도 잘 하지 않기 때문에 FC에게는 상담하기 까다로운 유형이다. FC는 상담 초기에 긴장해소(Ice Breaking)할 수 있는 시간을 충분히 가져야 한다.

사고형은 올바른 판단을 하기 위해 많은 양의 정보를 수집하고 분석하기를 좋아한다. 이 유형의 사무실에 가보면 대부분 책상 위에 많은 서류들이 쌓여 있다. 사고형과 상담할 때는 구체적이고 세밀한 정보를 제공해줄 필요가 있다. 표현형에게는 세부적인 내용보다는 큰 그림을 그려주고, 사고형에게는 디테일한 정보를 꼼꼼하게 제공해야 한다. 제안할 때도 충분히 검토하여 판단할 수 있도록 보충자료를 준비해서 제공해주면 좋다. 사고형은 배려형에 비해 계약을 체결하기까지의 시간이 많이 걸리지만, 일단 계약이 이루어지고 나면 끝까지 유지하는 편이다. 그러므로 클로징 과정에서 강하게 밀어붙이기보다는 좀 더 많은 정보를 꾸준하게 제공해줌으로써 고객 본인이 검토 후 결정할 수 있도록 여유를 갖는 것이 현명하다.

사고형과 식사할 때는 시끄럽고 번잡한 장소는 피해야 한다. 이 유형은 올바른 정보 수집에 관심이 많기 때문에 집중을 방해하는 장소를 싫어하는 경향이 있다.

리더형: '일에 대한 결과와 성취'를 원한다

이 유형은 감정 상태가 얼굴 표정에 잘 드러나지 않지만 의사표현은 매우 적극적인 편이다. 인간관계보다는 '일'과 '업무'를 중시하며,

일의 '과정'보다 '결과'에 집중한다. 이 유형은 효율을 가장 중시한다. 그리고 자신의 행동과 결정에 도움을 주는 사람에게 호감을 갖는다. 리더형은 자신의 의견을 뒷받침할 사실이나 이유를 들어 결정에 영향을 주려 하며, 남의 이야기를 경청하는 일에는 소홀한 경향이 있다. 이 유형은 기본적으로 '일에 대한 결과 창출과 성취'에 가장 큰 욕구를 가지고 있다. 법인대표, 개인사업자, 기업 임원들이 리더형인 경우가 많다. 이 유형과 상담할 때는 상담 초기 긴장해소 시간을 너무 많이 할애해서는 안 된다. 이 유형은 시간에 대해 매우 민감하기 때문에 핵심을 이야기하지 않고 시간을 끌면 "시간 없으니까 본론부터 말씀하시죠."라는 반응이 나오기 쉽다. FC는 장황한 설명은 피하고 핵심을 요약해서 상담하는 전략이 필요하다. 제안할 때도 주요 사항만 강조하면서 간략하게 설명하는 것이 효과적이다. 리더형은 경우에 따라 독선적이고 권위적으로 보이기 때문에 많은 FC가 주눅이 들기도 하지만 그럴 필요가 없다. 리더형도 고객 유형 중 하나일 뿐이라고 생각하면 된다.

리더형은 의사결정이 매우 빠르다. 그리고 상대의 이야기보다 자신의 판단에 따라 결정하는 성향이므로 결정을 강요하는 것은 절대 피해야 한다. 스스로 결정할 수 있도록 돕는 역할에 충실해야 함을 잊지 말자.

고객 유형별로
통하는 상담 전략을 찾아내라

지금까지 고객 유형별 상담 전략과 유의사항에 대해 살펴보았다. 고객 유형을 분석하여 고객이 원하는 방향으로 상담하는 일과 함께 중요한 것은 FC 자신의 유형을 파악하고 그 유형에 따라 무엇을 중점적으로 준비하고 유의해야 하는지 숙지하는 일이다. 그 후에 상담에 임하면 더 좋은 결과를 낼 수 있다.

◉ 표현형 FC의 고객 유형별 대처법

당신은 외향적이며, 열정적이고 따뜻한 성격의 소유자이다. 감정이 풍부해 연기력이 뛰어난 편이다. 상상력이 풍부해 성격 변신이 가능하다. 이러한 장점과 달리 목소리가 크고 생각 없이 던진 말로

남의 감정을 상하게 하는 실수를 종종 저지른다. 끝까지 참고 완수하는 능력이 부족하며, 너무 극적인 경향이 있어 황당해 보일 때도 있다. 이러한 유형의 FC가 준비해야 할 고객 유형별 상담 전략에 대해 살펴보자.

표현형 고객

철저히 기본에 충실해야 한다. FC와 고객이 똑같이 표현형일 경우, FC가 인내력을 발휘하지 못하면 모든 것이 수포로 돌아갈 수 있다.

배려형 고객

인간관계를 맺어라. 한 번에 한 가지씩, 천천히 처리하라. 너무 많은 아이디어를 한 번에 주면 혼란스럽게 되어 일을 그르칠 수 있다. 고객이 결정을 내릴 수 있도록 용기를 북돋아주어야 한다. FC가 주도권을 잡고 인간적인 관계를 바탕으로 상담을 진행하는 것이 바람직하다.

사고형 고객

당신 의견보다 상품 정보에 대한 사실 설명이 앞서야 한다. 가능하면 하나하나 상세 정보를 논리적으로 분석해주되, 종이에 써 내려가면서 설명하라. 고객 스스로 상품에 대해 분석하고 평가하도록 기다리는 인내가 필요하다.

리더형 고객

결과를 이끌어내려고 지나치게 적극적으로 행동하는 열정은 잠시 접어두고 당신의 생각을 보여주는 선에서 끝내라. 고객이 참을 수 있는 한도 내에서 설명해야 한다. 자료를 제시하되, 신속하게 요점만 알려주고 고객에게 선택권을 주고 스스로 결정하도록 맡겨야 한다.

● 배려형 FC의 고객 유형별 대처법

당신은 남을 잘 보조하고, 조용하고 친절하게 대하며, 조직에 순응하는 장점을 갖고 있다. 협조적이며, 조심스럽고, 부드러운 마음의 소유자이다. 그러나 세일즈에 있어서는 독립성이 떨어지고, 과감한 행동력과 실천력, 역경을 헤쳐나가는 용기가 부족한 편이다. 타인을 리드하는 능력을 개발하지 않으면 남이 떨어트린 부스러기만 주우러 다닐 수도 있다.

표현형 고객

고객이 자랑스러워할 수 있도록 해야 한다. 고객이 구매 행위를 여러 사람 앞에서 뽐낼 수 있도록 만들어주면 승산이 있다. 다만, 고객이 핵심에서 벗어나려 할 때 대화의 주도권은 놓치지 않아야 한다.

배려형 고객

자기 의견과 주장을 적극적으로 표현하면서 상담 분위기를 이끌어야 한다. 그렇지 않으면 고객이나 FC 둘 다 구매결정을 못하고 시간만 보내게 된다.

사고형 고객

객관적 사실과 통계에 근거한 자료가 있는 제안서를 준비하고, 이를 논리적으로 설명하면서 상품의 필요성을 인식시켜야 한다. 이때, 고객에게 어느 정도 시간제한을 요구하는 용기가 필요하다. 제안을 실행하면 고객에게 이익이 돌아간다는 사실을 논리적으로 증명하면서 고객의 신뢰를 쌓아야 한다.

리더형 고객

프로페셔널한 모습을 보여주고, 고객이 먼저 도움을 요청하도록 만들어야 한다. 쓸데없이 사적인 관계를 만들려고 노력하지 마라. 시간낭비일 뿐이다. 일정에 충실하고, 내용도 한정된 범위를 벗어나지 않아야 하며, 무엇보다 사실에 충실해야 한다. 당신이 제공한 옵션을 고객이 직접 결정하도록 유도해야 한다.

● 사고형 FC의 고객 유형별 대처법

당신은 대단히 논리적이다. 냉정하게 사물을 관찰하고, 보수적이며 정확하다. 그러나 비판적이고 차가운 성격이기 때문에 상대가 거리감을 느끼게 된다. 인간관계에서 따뜻함이 부족한 것이 최대의 단점일 수 있다.

표현형 고객

고객과 상담에 임하기 전에 커피를 마시거나 점심을 같이 하는 등 개인적인 시간을 갖도록 노력하라. 결정에 따른 이익을 강조하면서 고객의 의견을 자주 물어보아야 한다.

배려형 고객

정확한 수치나 자료, 이익과 불이익 같은 개념보다 고객과의 인간관계를 중시해야 한다. 모임 등을 통해 인간적인 신뢰를 쌓고, 그런 바탕에서 구매를 유도해야 한다.

사고형 고객

논리적인 제안서를 준비해 고객이 스스로 결정을 내리도록 이끌어야 한다. FC나 고객이 끊임없이 상품에 대해 따지고 들어 시간만 낭비하는 실수를 저지르지 말아야 한다.

리더형 고객

제안의 여러 특성을 사실에 입각해 요점을 정리하고 설명해주어 고객이 선택하도록 해야 한다. 지나치게 긴 설명은 오히려 결정에 방해가 될 수 있다. 결정에 따른 이익을 강조해야 한다.

● 리더형 FC의 고객 유형별 대처법

당신은 생각보다 행동이 앞서는 경향이 강하다. 모든 것을 앞장서서 이끌려 하고, 고집이 세며, 남의 말을 잘 듣지 않는다. 섬세한 감정이 부족하고, 모든 일을 서두르며, 비효율적인 것을 참지 못한다. 반면에 보스 기질이 있어 남을 잘 리드하며 자기 훈련이 철저한 편이다. 독립적이며 단호한 결정을 과감히 내리는 용기도 갖추고 있다. 따라서 당신의 독립성, 성취욕, 과감성과 임무 완수를 위한 자기 극기 등을 최대한 장점으로 살려 일을 추진하되, 서두르거나 졸속으로 일을 처리하지 말고, 인내심을 가지고 상대방을 이해하고 따뜻하게 대하는 습관을 길러야 한다.

표현형 고객

FC의 감정, 의견, 심지어 자신의 솔직한 내면까지도 보여줄 필요가 있다. 고객의 말을 들어주며 구매 동기를 부여해야 한다. 제안을 실행했을 때 얻을 사회적 인지도를 부각시키고 남 앞에서 승리감에

도취되도록 만들어야 한다.

배려형 고객

고객과 고객의 가족, 이해관계에 관심을 보여라. 결단을 주저하는 성향이 있는 고객이므로 적극적으로 실행을 유도해야 한다. 고객의 관심과 노력, 성취감을 북돋워주어야 한다.

사고형 고객

제안에 관한 사실을 논리적으로 써 내려가면서 설명하라. FC가 설명한 자료를 고객이 충분히 분석하고 검토할 수 있도록 인내심을 가지고 기다려야 한다. 고객 스스로 결론에 도달하도록 도와줘야 한다.

리더형 고객

고객의 목표에 대해 우선 동의하고, 그 테두리 안에서 어느 정도 자유롭게 놓아두어야 한다. 고객을 압박하고 독립성이나 개성을 억누르면 오히려 반발할 가능성이 높다.

이상으로 고객 유형별 FC의 행동전략과 FC 유형별 고객과의 상담 시 주의사항에 대해 살펴보았다.

고객의 유형을 분석할 때 유의해야 할 사항이 있다. 첫 번째는 이상적인 유형은 없다는 점이다. 유형은 '좋다, 나쁘다'로 판단할 수 있는 성질의 것이 아니다. 각 유형 나름의 장단점을 잘 알아두면 된다. 두 번째는 행동을 관찰할 때 '인간이 왜 그렇게 행동하는가?'의 문제가 아니라 '무엇이 사람들을 다르게 만드는가?'의 문제로 보는 관점이 중요하다. 그리고 '이렇게 서로 다른 점들을 어떻게 내 상황에 맞게 다룰 것인가?'가 문제의 핵심이다.

고객의 유형을 분석하는 일은 사람의 가치를 매기는 것이 아니다. 유형별 행동 특성을 알려고 하는 일일 뿐이다. 그리고 고객 유형 분석의 목적은 '상대방을 이해하고, 상대방의 욕구를 파악하여, 신뢰 조성을 위한 바람직한 의사소통에 있음'을 명심하자. 더불어 FC는 자신의 유형을 먼저 파악하고 관련된 문제점들을 지속적으로 개선하고 발전시켜야 한다.

고객을 현상유지 사이클에서
벗어나게 하라

성공적인 고객 유형 분석과 기본 욕구에 기반한 상담이 원활하게 진행되었다고 하더라도 일정한 시점이 되면 서로 의견이 충돌할 수 있다. FC는 현재 상황에서 벗어나 새로운 상품 구매를 제안하지만 고객은 현재 상황을 바꾸고 싶어 하지 않는 경향이 있어 갈등이 생길 수 있다.

고객은 FC와 의견 충돌이 생기면 새로운 변화를 기회로 인식하는 것이 아니라 오히려 현재의 상태에 더 머물기를 원한다. 고객은 유형별로 다른 방어 행동(거절)을 하게 된다. FC는 이러한 방어 행동을 잘 극복해야 한다. 이럴 때 고객의 생각이 잘못되었다고 설득하는 거절 처리 방식을 쓴다면 역효과가 나기 쉽다. 상호 윈윈(Win-Win) 할 수 있는 방향으로 상담을 진행하고 이끌어가는 기술이 필요하다.

고객이 현상유지를 고집하지 않고 변화를 새로운 기회로 인식할 수 있도록 상담과정에서 적극적으로 해야 할 행동과 하지 말아야 할 행동을 파악한 후 활용해야 한다.

거절을 극복하기 위해 적극적으로 해야 할 행동

- 상대방의 감정을 받아들인다.
- 듣는다.
- 개방형 질문을 한다.
- 대안 제시, 요약, 가설 등을 활용한다.
- 서로 동의하는 부분을 정리한다.
- 요약한다.
- 진지한 고려를 권유한다.

거절을 극복하기 위해 하지 말아야 할 행동

- 자신을 방어한다.
- 문제를 개인화한다.
- 저항한다.
- 논쟁한다.
- 강요한다.
- 상대방과 똑같이 행동한다.
- 논의하고 있는 과제에 더 많은 정보를 덧붙인다.

거절을 극복하는 힘, '공감성'

고객의 거절을 충돌 없이 극복하기 위해서는 '공감성'을 적극 발휘해야 한다. 공감성이란 상대방의 감정을 이해하고, 이해하고 있다는 사실을 다양한 방법으로 보여주는 것을 의미한다.

공감성이 완성되기 위해서는 두 가지 요소가 필요하다. 첫 번째는 고객의 마음을 충분히 이해해야 한다. 두 번째는 이해하고 있다고 말이나 행동을 보여줘야 한다. 아무리 마음으로 이해하고 있더라도 고객에게 보여주지 않으면 고객은 알 수 없다. 이해하고 있음을 보여주는 방식은 다양하다. 고객의 이야기에 고개를 끄덕이며 적극적으로 반응을 해주는 방법, 자리를 당겨 고객에게 다가가서 이야기를 듣는 방법, 고객의 이야기에 "그렇군요.", "그러실 수 있습니다.", "얼마나 고민이 많으셨습니까?", "정말 기쁘셨겠습니다."라는 형태로 맞장구를 쳐주는 방법, 고객이 이야기한 내용들을 정리해서 다시 이야기하는 방법 등이 있다. 이러한 공감성을 제때에 발휘하는 것도 기술이다. 이는 지속적인 훈련과 반복으로 발전시킬 수 있다. 지금부터 누군가와 대화를 나눌 때 의도적으로 반응하려고 노력해보자. 이를 반복하다 보면 나중에는 습관이 되어 성공적인 상담에 큰 무기가 될 것이다.

공감성을 발휘하는 FC는 고객의 입장이 되어, 고객이 어떻게 느끼는가를 항상 생각하면서 행동한다. 상대방의 말에 방어적으로 대응하지 않고, 상대방의 감정에 반응하면서 적극적이고 긍정적으로 상대방의 말을 듣는 특성이 있다. 또한 매우 개방적이고, 긍정적인 신체언어(Body Language)를 쓰는 경향이 있어 상대방과 강한 신뢰관계를 조성할 수 있다.

예를 들어, 의견 충돌이 생겼을 때 상대방의 이야기에 반박만 늘어놓는다면 과연 상대방이 쉽게 수용할까? 오히려 자신의 주장을 더 강하게 밀고 나가면서 의견 조정이 힘들어지고 심지어는 소통이 중단되는 경우도 생긴다. 이 경우 상대방이 나와 다른 생각을 할 수 있음을 인정하고 상대방의 감정과 사고를 충분히 공감한다면 갈등은 해소될 수 있다.

많은 FC가 거절을 처리해야 한다는 강박관념 때문에 고객의 이야기에 서둘러 반박하면서 상담에 실패하는 경우가 생긴다. 앞서 고객이 변화를 새로운 기회로 인식하도록 하기 위해서 필요한 '해야 할 행동'과 '하지 말아야 하는 행동'에 대해 살펴보았다. 여러 가지 행동전략이 있지만 한 마디로 요약하자면, 적극적으로 해야 할 행동은 충분하게 공감성을 발휘하라는 것이고, 하지 말아야 할 행동은 공감하지 않고 고객의 의견에 저항하거나 고객과 언쟁하는 것이라고 할 수 있다. 공감성 발휘 여부와 정도에 따라 거절 극복의 성패가 좌우된다.

좋은 대화를 이어가다가도 의견 충돌이 생기면 당연히 방어 행동이 나온다. 이러한 방어 행동의 벽을 깰 수 있는 것은 합리적 논리로 맞서는 '강함'이 아니라, 고객의 마음을 어루만져주는 '부드러움'이다. 강한 논리로 거절 사유를 반박하면 고객은 오히려 더 강하게 방어 행동을 하게 되고, 결국 FC가 원하는 목적을 이루지 못하는 결과로 이어질 수 있다.

'부드러움'의 공감성 발휘가 얼마나 강한 힘을 가지고 있는지에 대해 나의 경험을 예로 들어보겠다.

몇 년 전 일이다. 퇴근 후 집에 갔는데, 아내가 화가 많이 나 있었다. 분이 풀리지 않아 씩씩거리는 모습이 마치 성난 황소처럼 보였다. 무슨 일로 화가 났는지 물어보았다. 아내는 낮에 음식물 쓰레기를 버리러 나갔다가 옆동의 한 아주머니를 만났는데, 그 아주머니가 물이 흥건히 남아 있는 음식물 쓰레기를 그대로 버리려고 하기에, 그런 상태로 버리면 안 된다고 이야기했더니 오히려 화를 내면서 "당신이나 잘 하세요. 왜 남의 일에 간섭이세요?"라면서 따졌다고 한다. 어이가 없어서 몇 마디 언쟁을 하다가 싸움이 커졌다고 했다. 아내는 내게 이야기하는 내내 여전히 분을 삭이지 못하고 있었다.

이럴 때 나는 아내와 어떻게 대화를 나누어야 할까? 나는 아내에게 '어차피 이웃과 싸워봤자 별로 좋지 않으니 내일이라도 서로 사과하고 화해하라'고 말하고 싶었다. 이 경우 두 가지 방식으로 이야기할 수 있다. 하나는 내가 하고 싶었던 말을 바로 이야기하는 것이고, 다른 하나는 충분히 공감하고 난 뒤 하고 싶었던 말을 이야기하는 방법이다. 어느 쪽이 더 효과적일까? 당연히 후자이다. 머리로는 이해하고, '그렇게 해야지'라고 생각하지만 실제 말과 행동은 전혀 다르게 나오는 경우가 많다. 또한 공감성을 발휘하는 것이 좋다고 생각하지만 막상 어떻게 하는 것인지 모르는 경우도 있고, 심지어는 잘못된 방식으로 공감성을 발휘하는 경우도 있다.

공감성을 적극 발휘하면 거절을 어렵지 않게 극복할 수 있다. 하지만 공감성을 발휘하지 않고 바로 반대 의견을 제시하면 더 이상 대화할 기회마저 잃어버릴 수 있음을 염두에 두어야 한다. 만약 아내에게 충분히 공감하지 않고 내 의견을 바로 제시했다면 아내는 화해하려고 했을까? 아마 아닐 것이다. 오히려 자기 마음을 몰라주고 남의 편이나 든다고 나에게 화풀이했을 가능성이 높다.

그럼 이제 상담과정에서 공감성을 발휘하고 적극 활용하는 방법을 고민해보자.

◎ 고객의 감정을 이해하는 YES

우리는 흔히 거절 극복을 위해 'Yes, But'의 방법이 효과적이라고 알고 있다. 근데 'Yes, But'의 방법을 제대로 알고 상담과정에서 적용하고 있는지 다시 생각해봐야 한다.

지금부터 'Yes, But'의 방법이 왜 공감성과 연결되어 있는지, 진정한 'Yes, But'의 방법이 무엇인지 살펴보겠다. 'Yes'는 고객의 의견에 대해 동의한다는 표현이고, 그 이후 고객의 의견에 대한 반박으로 'But'을 사용한다고 알고 있는데 이는 잘못 알고 있는 것이다. 제대로 된 'Yes, But'에서의 'Yes'는 단순히 고객의 의견에 대한 동의가 아니라 고객이 가지고 있는 감정에 대한 'Yes'라고 할 수 있다. 즉, 공감성이다. 예를 들어, 고객과 상담 약속을 잡기 위해 전화할 때 고객이 "바빠서 만나기가 힘드네요.", "가입한 보험이 많아서 만나도 도움을 주지 못하겠네요." 등으로 거절할 수 있다. 이 경우 대부분 "네, 고객님, 많이 바쁘시죠? 그래서 미리 전화 드리고 약속을 요청 드리는 겁니다.", "네, 고객님, 많은 보험에 가입하셨다는 말씀이시군요. 보험을 가입하시라는 것이 아니라 지금 가입하신 보험이 제대로 준비되어 있는지에 대한 도움을 드리고 싶습니다."라는 형태로 거절을 처리하고 있다. 이 대화에는 공감성이 충분히 발휘되어 있지 않다. 메뉴얼대로 읊조리고 있다는 느낌도 든다.

고객의 이야기 자체에 대한 동의가 아니라 왜 그렇게 생각하는지에 대한 감정 공감이 필요하다. '바쁘다', '보험을 많이 가입했다'라는 표현은 겉으로 보이는 거절 사유이다. 우리는 고객의 내면에 숨은 진짜 거절 사유를 파악할 필요가 있다. 그래야 진정으로 감정에 대한 공감성을 발휘할 수 있고, 거절을 극복할 수 있기 때문이다. 그렇다면 FC를 만나기 싫어하는 고객의 내면에 있는 감정은 무엇일까? 고객의 입장에서 보면 FC를 만나게 되면 어떤 형태로든 보험에 가입하게 되고 새로운 지출이 발생하게 된다는 부담이 있다. 그러다 보니 FC와의 만남을 원천적으로 차단하려고 한다.

공감성을 제대로 발휘하려면 고객이 표면적으로 이야기하는 거절의 이유, 내용, 그 자체에 대한 'Yes'가 아니라, 고객 마음속 감정에 대해 공감하는 'Yes'가 필요하다. '바쁘다'라는 거절에 대한 올바른 'Yes'는 다음과 같이 표현할 수 있다. "보험을 새로 가입해야 한다는 부담감 때문에 저와의 만남을 주저하시는 마음 충분히 이해할 수 있습니다. 다른 분도 고객님처럼 만남에 대한 부담감으로 주저하셨던 경우가 있는데, 오히려 저를 만나고 나서 보험 가입에 대한 부담감 없이 크게 만족하고 계십니다." 어떤가? 단순히 "네, 많이 바쁘시죠?", "네, 보험에 많이 가입하셨죠?"라는 고객의 거절 사유 자체를 받아들이는 'Yes'가 아니다. 거절할 수밖에 없는 감정에 대해 충분히 공감하면, 이후 고객을 설득하기가 훨씬 쉬워진다는 것이 보이는가?

정리해보자. 첫 번째는 고객이 이야기한 거절 사실에 대한 단순한 동의의 'Yes'가 아니라 고객의 감정을 이해하는 공감성의 'Yes'가 되어야 한다. 두 번째는 'Yes'와 'But' 사이에 소개자나 제3자의 영향력을 이야기하는 방식이 필요하다. 위의 사례처럼 다른 사람도 보험가입에 대한 부담 때문에 만남을 주저했지만 오히려 그 사람들이 더욱 만족했다는 것을 강조하는 것이 효과적이다.

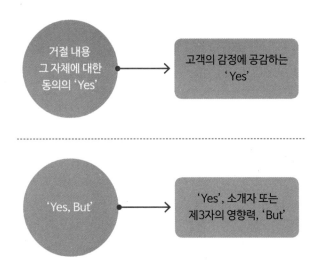

3장

고수는 질문으로 Yes를 이끌어낸다

설명하지 말고
설득하라

자산가 고객과 상담할 때 필요한 역량은 무엇일까? 우선 과거 우리가 진행했거나 경험했던 세일즈의 형태와 구매 상황을 상기해보자. 고객으로서 중대한 구매 의사결정을 내렸을 때 옆에서 도움을 줬던 세일즈맨이 무엇을 했는지 기억하는가? 또한 구매결정을 멈추게 한 세일즈맨의 행동은 무엇이었는가?

내 경험을 예로 들면, 오래 전 등산을 처음 가게 되어 등산화를 사려고 전문매장을 찾았다. 당시 등산화에 대한 지식이 전혀 없어 나는 기능보다는 가격이 저렴하고 심플한 디자인을 찾고 있었다. 하지만 매장에 들어서서 수많은 등산화를 보자 어떤 것을 골라야 할지 판단이 서지 않았다. 그때 한 점원이 다가와 전시된 등산화에 대해 설명하기 시작했다. 다양한 재질과 디자인, 기능에 대한 설명이 계속

되었다. 정말 열심히 설명해주었다. 그럼에도 나는 도무지 무슨 말인지 알아들을 수 없었다. 점원의 설명이 길어지고 다양한 모델의 등산화를 보여주면 보여줄수록 선택하기 어려워졌다. 결국 나는 등산화 구입을 하지 못한 채 매장을 나왔다. 그때 왜 선택하지 못했는지, 왜 구매하지 않았는지를 생각해보면, 점원의 행동에서 그 답을 찾을 수 있다. 점원은 등산화의 특수재질과 기능에 대해 강조하고 설명했지만 나는 저렴한 가격에 초점을 두고 있었다. 기능을 알지 못하는 등산 초보의 당연한 생각 아닐까? 점원은 분명 등산화에 대한 지식이 풍부했고, 설명하는 태도도 정중했으며 유창했다. 하지만 나에게는 도움이 되지 못했고 오히려 구매를 방해한 결과가 되었다. 만일 그때 점원이 먼저 등산 경력이나 취향 등을 질문했더라면 굳이 여러 등산화를 설명하지 않고도 나에게 등산화를 팔 수 있었을 것이다.

세일즈는 설명이 아니다. 설명을 잘한다고 구매가 성립하는 것도 아니다. 고객의 니즈를 찾아내고 그 니즈를 확대하여 구매하고자 하는 욕구로 발전시키는 것이 필요하다. 이를 위해서 FC는 질문을 잘 준비해야 한다. 질문만 잘하면 가능할까? 질문을 한다고 해서 고객이 자신의 니즈를 바로 표현하지는 않는다. 구체적인 질문을 효과적으로 구사해야 한다. 준비되지 않은 질문은 오히려 대화를 단절시키고 상담을 중단하게 할 수도 있다.

성공확률이 높은 FC는 질문을 통해 고객의 다양한 니즈를 파악한다. 질문을 잘하는 FC는 상품의 장점을 장황하게 늘어놓지 않는다.

고객의 가장 큰 니즈를 해결해주고, 고객을 만족시키는 이점을 제시한다. 반면 성공확률이 낮은 FC는 일방적인 설명만 한다. 즉, 일방형 커뮤니케이션을 하는 경우가 대부분이다. 그렇다면 가장 효과적인 세일즈는 어떤 것일까?

세일즈 스킬의 발전 단계를 살펴보면서 정리해보자. 세일즈의 가장 초기 단계는 '단순 방문' 단계이다. 사전에 상담 약속을 잡지도 않고 무조건 돌입 방문하는 방식을 말한다. 주로 과거에 많이 사용되었다. 이 경우 고객을 많이 만날 수는 있지만 사전에 대화를 나눌 수 있는 상담 약속이 확보되지 않았기 때문에 FC가 하고자 하는 이야기를 나눌 수 있는 확률은 매우 낮다. 고객을 만나는 활동량은 많지만 정작 고객과 진지한 대화를 나누지 못하기 때문에 세일즈의 다음 단계로 진행이 잘 되지 않는 비효과적인 세일즈 방식이다.

여기서 조금 발전된 단계는 '타사보다 싸면 잘 팔 수 있다'라는 세일즈 방식이다. 가격 경쟁력이 가장 우선시되는 세일즈의 단계이다. 보험 상품의 내용이 지금처럼 복잡하지 않아 가장 큰 비교대상과 경쟁력이 '가격'이었던 시절의 세일즈 방식이다.

좀 더 발전된 세일즈 단계는 '많은 정보를 일방적으로 전달'하는 것이다. FC가 일방적으로 상품에 대해 많은 것을 설명하는 방식으로 현재 많은 FC들이 하고 있다. 고객은 침묵하고 FC만 열심히 설명하는, 상호교류가 없는 방식이다.

이보다 좀 더 발전된 세일즈 방식은 '고객의 니즈에 기반한 해결

방안을 제공'하는 단계이다. 이 단계는 고객의 니즈와 상품의 이점을 연결할 수 있어, 구매확률이 매우 높은 세일즈 방식이다. 고객의 니즈에 부합한 맞춤형 솔루션을 제공하기 위해서는 우선 고객의 니즈를 파악할 수 있어야 한다. 하지만 고객은 쉽게 자신의 니즈를 표현하지 않기에 고객의 니즈를 찾아내고, 개발, 확대하기가 매우 어렵다. 그래서 많은 FC가 일방적으로 많은 정보를 설명하는 세일즈 단계에 머문다.

마지막으로, 자산가 고객에게 신뢰를 얻고 전문가로 인식될 수 있는 최고의 단계는 '비즈니스 컨설팅'의 수준으로 가는 것이다. 자산가 고객을 성공적으로 설득하기 위해서 FC가 가야 할 최종 목적지라고 할 수 있으며, 전문 지식과 고도의 커뮤니케이션 스킬을 보유한 세일즈의 최고 단계라고 할 수 있다. 이 단계에 이르기 위해서는 일방적으로 설명하는 세일즈 수준에서 벗어나야 하고, 상담기법에 획기적인 변화가 필요하다.

이 책에서는 고객의 니즈를 발굴하고 확대하여 상품의 이점으로 연결할 수 있는 단계인 '니즈 기반 해결안 제공 단계'를 달성하는 것을 목표로 어떠한 역량과 스킬이 필요한지 알아보고자 한다. 니즈 기반 해결안 제공자가 되기 위해서는 상호 커뮤니케이션을 통한 설득의 방식으로 옮겨가야 한다.

우선, 설명과 설득의 차이부터 알아야 한다. 설명은 일방형 커뮤니케이션이고, 설득은 쌍방형 커뮤니케이션이다. '설득'은 다양한 방법으로 고객이 실질적으로 이점을 느끼게 하면서 니즈를 만족시켜주는 일이다.

성공적인 상담을 이끌어내기 위한 절차는 다음과 같이 정리할 수 있다. 첫 번째는 고객이 더 많은 이야기를 할 수 있도록 한다. FC보다 고객이 더 많은 이야기를 해야 니즈를 찾아낼 수 있고 필요한 정보도 알아낼 수 있다. 더 나아가 고객이 가지고 있는 니즈의 우선순위를 파악할 수 있다. 두 번째는 효과적인 질문을 구사해야 한다. 주의할 것은 질문이 제대로 준비되지 않으면 오히려 커뮤니케이션을 차단한다는 점이다. 세 번째는 상담 후반부에 고객의 이득을 강조하는 방법으로 설득하고, 고객의 니즈와 FC가 제안하는 솔루션의 이점을 연결하여 성공적으로 클로징한다.

고객의 니즈를 구분하고 발전시켜라

우리는 '니즈(Needs)'라는 단어를 많이 사용한다. 니즈라는 단어를 사전에서 찾아보면 '필요', '요구', '수요'라고 정의하고 있다. 'Wants', 'Demands'도 필요, 요구 등의 의미를 가진다. '그런데 왜 우리는 뭔가 필요성을 환기시킨다고 할 때 '니즈'라는 단어를 사용할까?' 나는 이 질문을 하면서 새로운 궁금증이 생겼다. '고객의 필요성과 욕구의 수준은 변하지 않고 똑같은 상태로 유지되는가?, 아니면 상황에 따라 달라질 수 있는가?' 또는 '누군가에 의해 발전할 수 있는가?'라는 의문이 꼬리에 꼬리를 물게 되었다. 결론은 '고객의 필요성, 수요, 구매욕구의 정도는 언제나 변할 수 있다'이다. 그리고 효과적인 상담 기법으로 얼마든지 발전시켜나갈 수 있다.

만일 FC가 고객의 구매욕구를 조절할 수 있다면 두려움 없이 상담에 임할 수 있을 것이다. 과연 가능할까? 가능하다. 나는 자산가 고객과의 상담에서 이러한 상담 기법을 적극적으로 활용했고 그 결과 고객의 신뢰를 빠르게 얻게 되었다. 내 이야기에 고객이 귀 기울이게 되었고, 함께 진지하게 고민하게 되었다. 그만큼 이 상담 기법은 강력하다. 구체적인 방법을 설명하기 전에 반드시 해야 할 일이 있다. 우선 '니즈'라는 단어를 제대로 이해하고 고객의 구매심리가 어떻게 발전하는지를 파악해야 한다. 고객의 구매심리가 발전하는 단계를 알아야 고객의 현재 구매심리 상태가 어느 정도인지 파악할 수 있다. 또한 그것을 알아야 그 다음 단계로 발전시키기 위한 행동을 취할 수 있다.

반드시 기억해두자. 고성과를 내는 세일즈맨은 지금 고객의 구매심리 상태가 어느 정도인지 정확히 파악하고 있다. 그리고 그 수준에 적합한 상담을 진행하며, 그 다음 단계로 구매욕구를 높일 수 있는 상담을 진행한다. 이런 이유 때문에 고객의 구매 타이밍을 정확히 파악하게 되고 효과적으로 클로징하기 때문에 높은 성과를 창출하는 것이다. 반면 성과를 내지 못하는 세일즈맨은 현재 고객의 구매심리가 어떤 수준인지 파악하지 못한다. 심지어는 고객의 구매심리 단계에 대해 관심조차 없는 경우도 있다. 왜냐하면 고객의 구매심리와 상관없이 일방적으로 상품에 대한 정보만 제공하는 방법으로 세일즈를 진행하기 때문이다. 아찔하지 않은가? 함께 대화를 나누고 있는데, 상대방의 감정상태도 살피지 않고 일방적으로 말만 늘어놓는 모습을 상상해보라. 과연 이 모습을 보고 대화하고 있다는 생각이 들까? 혹시 지금의 내 모습이 아닌지 진지하게 고민해보자. 만약 그런 상담을 하고 있다면 지금 당장 바꾸어야 한다.

◉ 구매심리의 3단계

그렇다면 고객의 구매심리는 어떻게 변화하고 발전하는지 구체적으로 살펴보자. 고객의 구매심리는 'Needs → Wants → Demands'의 단계로 발전한다고 한다. 첫 단계인 'Needs'는 기본이면서 꼭 필요한 어떤 대상에 대한 갈망으로, 절대적 결핍 상태를 의미한다. 쉽게 정리하면, 현재 고객이 가지고 있는 사사로운 불편, 불만, 어려움 등이다. 사람은 현재 상태에 불만이 없으면 새로운 변화를 생각하지 않는다. 즉, 새로운 구매가 이루어지려면 현재의 상황이나 상태가 불만족스러워야 한다. 여기서 또 하나 주목할 점은 니즈의 상태는 현재의 불만이나 불편 수준이 심각하지 않다는 데 있다. 그 문제를 굳이 지금 해결할 필요성을 느끼지 못한다. 구매욕구가 매우 낮은 상태라고 할 수 있다. 만약 이 단계의 고객에게 제안을 하고 구매하라고 하면 클로징이 되겠는가? 심각한 문제도 아닌데 굳이 보험료를 지출하면서까지 해결하려고 하지 않는다. 흔히 우리는 '니즈가 있어야 구매한다', '니즈를 환기하면 구매하게 된다'라고 이야기하는데, 이 이야기는 틀린 표현이다. 구매심리 단계 중 가장 낮은 수준이 '니즈'일 뿐이다. 이 단계에서 제안을 하고 클로징 단계까지 가려고 욕심을 부려서는 절대 안 된다. 오히려 대화를 단절시키고, 거절을 불러오며, 심각하게는 더 이상 만나지 못할 수도 있다. 가장 낮은 단계인 '니즈'가 파악되었다면 다음 단계인 'Wants'의 상태로 발전시켜야 한다.

구매심리의 두 번째 단계인 'Wants'는 고객욕구를 만족시켜주는 수단이나 방법이 구체화된 상대적인 갈망 단계라고 정의할 수 있다. 'Needs' 상태가 단순하고 사사로운 작은 불만이라면, 'Wants'는 좀 더 발전된 구매심리 상태라고 할 수 있다. 현재의 불만과 불편에 대해 '이 문제를 해결하기 위해서는 어떤 방법이 있을까?'를 고민하게 되는 상태이다. 단순한 불만이 구체적인 욕구로 발전된 상태인 것이다. 다만 이 단계는 현재의 문제를 해결하기 위해서 필요한 방법을 고민하는 수준이지 아직 구매결정까지 할 수 있는 수준은 아니다. 그렇기 때문에 이 단계에서도 섣불리 제안하거나 클로징해서는 안 된다. 다음 단계로 좀 더 발전시켜야 한다.

구매결정으로 이어지기 위해 개발하여야 할 마지막 단계는 'Demands'이다. 'Demands' 단계는 고객의 욕구가 구매력과 구매의지로 연결되면서 특별한 상품에 대한 2차적 욕구이며, 계약 가능성이 높은 상태를 말한다. 사사로운 문제가 심각한 문제로 인식되고 현재의 문제를 해결하지 않으면 안 되겠다는 구매결정 행동을 하게 되는 단계이다. 이 단계에 오게 되면 고객은 비로소 구매를 결정하게 된다. 현명한 FC라면 이 단계에서 제안하고 클로징해야 한다.

이제 우리는 니즈가 처음 발굴된 상태로 머무는 것이 아니라 계속해서 진화하고 발전한다는 것을 알았다. 만약 니즈가 개발되어 구체적인 구매욕구인 'Demands'로 발전하지 않고 'Needs' 상태에 머물러 있다면 구매는 일어나지 않는다. 이때 FC는 꾸준히 니즈를 발굴하고 이를 계속해서 개발하고 확대시켜나가야 한다.

출발은 니즈를 'Needs, Wants, Demands'로 세분하는 일에서 시작한다. 니즈를 발전시키는 구체적인 방법은 뒤에 소개하는 '효과적인 질문기법'으로 완성해가도록 하겠다.

이 책에서는 니즈를 'Needs, Wants, Demands'로 구분하여 표기할 경우 혼란스러울 수 있어 일반적으로 통용되는 '니즈(Needs)'로 표현하려고 한다. 대신 내면에 숨어 있는 잠재 니즈와 표면으로 드러나는 현재 니즈로 구분했다.

내가 해결할 수 있는 것만 니즈다

우리는 니즈에 대해 깊은 고민을 했고 세분할 수 있게 되었다. 이제는 '니즈의 범위'를 정해야 한다. 우리는 고객이 표현하는 사사로운 불편, 문제, 어려움에 관한 모든 것을 니즈라고 알고 있다. 여기서 '고객이 이야기하는 다양한 문제를 모두 니즈라고 판단하고 개발해 나갈 것인가?' 하는 문제가 있다.

고객이 가지고 있는 문제점이나 불만들은 정말 다양하다. 예를 들어, 고3 수험생을 둔 부모는 자녀가 열심히 공부해서 좋은 대학에 들어가기를 바라고, 아픈 가족을 둔 가정에서는 하루빨리 병이 낫기를 바란다. 이러한 것들도 분명 고객의 니즈이다. 하지만 이러한 니즈는 FC가 해결해줄 수 있는 문제가 아니다. FC가 해결해주지도 못하는 현재의 불만을 늘어놓으면 FC는 정작 하고자 하는 이야기는 못하고 고객의 불만만 잔뜩 듣고 오는 경우가 생긴다. 지금부터 결정하자. 고객이 표현한 니즈 중 FC가 충족시켜줄 수 없는 것은 니즈로 생각하지 말자. 내가 해결해줄 수 있는 것만 니즈로 생각하고 거기에 집중하자. 왜냐하면 FC가 해결해주지 못하는 니즈만 계속해서 발굴하면 상담과정에서 불만만 더 많아지면서 제대로 된 커뮤니케이션을 할 수 없게 된다.

고객은 우리에게 많은 시간을 할애해주지 않는다. 자산가 고객은 더 그렇다. 어렵게 확보한 시간이다. 해결해주지 못하는 불만을 듣느라 시간을 낭비하지 말자. 우리는 고객에게 어떤 것을 해결해줄 수 있는지 알고 있다. 해결해줄 수 있는 것만 질문하고 개발해야 한다. 만약 FC가 보험 상품에 국한하지 않고 전반적인 자산증식, 세금으로부터 자산을 지키는 자산보호, 가족에게 자산을 이전하는 자산승계 등의 다양하고 폭넓은 분야에 대해 해결안을 줄 수 있다면 훨씬 더 많은 고객의 니즈를 발굴하고 개발할 수 있게 된다.

우리가 자산가 시장에서 컨설팅하기 위해 다양한 지식을 학습하는 이유는 바로 여기에 있다. 우리가 줄 수 있는 솔루션이 하나라면 그 하나만 이야기할 수밖에 없지만, 줄 수 있는 솔루션이 열 가지라면 그만큼 많은 니즈를 찾아내고 개발할 수 있다. 우리가 고객에게 줄 수 있는 다양한 솔루션에 대한 학습은 4장, 5장에서 실제 사례를 중심으로 살펴보겠다.

잠재 니즈와 현재 니즈를
구분하자

그렇다면 니즈의 종류는 어떻게 될까? 니즈는 크게 잠재 니즈와 현재 니즈로 구분할 수 있다. 잠재 니즈는 고객이 현재 처한 상황에 대한 문제를 말하는 것으로 어려움, 불만족, 불편함, 애로사항, 고민 등의 표현이며, 부정적인 표현으로 표출되는 니즈를 의미한다. 예를 들어, "보험은 계약기간이 너무 길어서 싫어요.", "보험은 중간에 해약하면 손해가 발생해서 싫어요.", "보험료가 너무 비싸서 싫어요.", "소득세를 너무 많이 내서 힘들어요.", "가지급금을 처리하지 못해 어려워요.", "차명주주가 있는데 문제예요.", "배당금을 가져오고 싶은데 절반은 세금으로 나가야 해서 문제예요." 등 현재의 불만을 나타내는 표현이다.

현재 니즈는 고객이 현재 원하는 욕구, 욕망, 희망사항, 의지 등을 말한다. 예를 들면, "보험료가 비싸서 싫어요."라는 표현이 현재의 불만을 이야기하는 잠재 니즈라면 현재 니즈는 "그래서 지금보다 낮은 보험료로 충분한 보장을 받을 수 있으면 좋겠어요.", "배상소득세를 절세할 수 있는 방법이 필요해요.", "법인세나 소득세를 줄일 수 있는 방법이 있으면 좋겠어요."라는 형태로 표현한다. 잠재 니즈는 현재 니즈와는 다른 방식으로 다루어져야 한다. 왜냐하면 잠재 니즈는 현재의 상황에 대한 불만 상태이지 그것을 해결하고 싶은 욕구나 욕망은 아니기 때문에 잠재 니즈 상태에서 해결안을 제시하더라도 아무런 효과가 없다. 대부분의 사람들은 현재 상태에 불만이 있다고 해서 새롭게 구매하지는 않기 때문이다. 그래서 FC는 고객의 현재 문제점을 해결하고 싶은 욕구로 발전시켜야 한다. 하지만 경험이 있는 FC들조차 어떤 니즈가 잠재 니즈인지 현재 니즈인지 구분하는 데 어려움을 겪고 있다.

FC는 고객보다 상품에 대해 더 많이 알고 있기에 고객보다 더 쉽게 니즈를 파악할 수 있다. 이것은 FC로 하여금 고객 니즈의 수를 과대평가하게 하고, 때로는 잠재 니즈를 현재 니즈로 판단하고 성급한 해결안을 제시하면서 구매결정을 강요한다는 점이다. 예를 들어, 고객이 "나는 지금 납입하고 있는 보험료가 부담스럽습니다."라고 표현했을 때 이 말을 저렴한 보험상품을 지금 당장 원하고 구매하고 싶다는 욕구로 이해해서는 안 된다는 것이다. 많은 FC들이 이 말을 현재 니즈로 착각하여 성급하게 해결안을 제시하기 때문에 많은 실패를 한다.

성공적인 상담을 위해서 FC는 잠재 니즈를 명확한 현재 니즈로 개발시켜 정확한 해결책을 제시할 수 있어야 한다. 고객의 니즈는 처음부터 바로 확실한 현재 니즈로 나타나지 않는다. 대개 불만족이나 작은 문제를 표현하는 잠재 니즈에서 시작된다. 고객은 현재의 불만을 잠재 니즈로 표현하게 되고, FC는 이러한 잠재 니즈를 적극적으로 현재 니즈로 개발하고 확대할 수 있는 방법을 사용해야 한다. 이로써 고객은 현재 니즈를 표현하고, FC는 고객의 현재 니즈에 맞는 상품을 제안하고 상품의 이점과 연결함으로써 새로운 구매가 이루어진다.

고객의 잠재 니즈는
어떻게 발굴할까

'과연 어떤 행동이 잠재 니즈를 발굴해내는가? 그리고 과연 어떤 행동이 잠재 니즈를 현재 니즈로 개발시키는가?'에 대하여 구체적인 질문 사례를 중심으로 살펴보자.

잠재 니즈를 발굴하기 위해 필요한 행동들을 요약해보면 다음과 같다. 첫째, 상황파악형 질문으로 현재 고객이 처한 상황을 파악하는 것이다. 둘째, 문제발굴형 질문을 전개하여 고객의 잠재 니즈를 밝혀내는 것이다.

● 효과적으로 상황파악형 질문을 던져라

상황파악형 질문이란 고객의 현재 상황에 대한 정보를 밝혀내는 것으로, 고객의 사업에 관한 현황 탐색 및 상황 등에 관해 질문하는 행동을 말한다. 현재 무슨 일이 일어나는지에 관한 기본적인 사실을 알려주며 다음 단계로 어떻게 전개해야 할지 판단할 수 있는 세부 배경과 정황을 제공해준다. 그리고 상담 분위기를 조성해주고, 고객의 상황을 이해할 수 있게 하며, 문제발굴형 질문으로 이끌어갈 수 있는 가이드 역할을 한다. 상황파악형 질문은 상담의 성과와 큰 연관은 없으므로 가능한 적게 하는 편이 좋다. 상황파악형 질문을 지나치게 많이 하면 고객을 지루하게 만들고 적대감마저 느끼게 하기 때문에 오히려 상담에 방해가 될 수도 있다. 이런 질문은 주로 경찰서 취조 상황에서 많이 이루어진다. '이름은? 나이는? 가족은?' 이런 질문을 계속 받는다면 당신은 어떻겠는가? 상황파악형 질문을 많이 사용하는 FC들이 있는데, 이는 별도의 훈련을 받지 않고도 누구나 쉽게 쓸 수 있는 질문이기 때문이다.

상황파악형 질문을 적게 할 수 방법은 무엇일까? 바로 앞서 언급한 '내가 해결할 수 있는 것만 니즈다'에서 힌트를 얻을 수 있다. 즉, FC가 제안하는 솔루션으로 해결해줄 수 있는 것들에 대해서만 질문하면 된다. 기억하자. 우리가 해결해줄 수 있는 상황만 물어보자.

그렇다면 상황파악형 질문으로는 어떤 것이 있는지 대표적인 사례 몇 가지를 살펴보자.

• "한 달에 보험료는 얼마나 지출하시나요?"

- "어떤 종류의 보험에 가입하셨나요?"
- "보장 내용에 대해서는 얼마나 아시나요?"
- "가족은 어떻게 되시나요?"
- "보험과 관련된 상담을 받아보셨나요?"
- "대표님, 주주구성과 지분율은 어떻게 되어 있나요?"
- "혹시 차명주주가 있나요?"
- "매년 배당은 실시하시나요? 하지 않는다면 특별한 이유가 있으신가요?"
- "정관변경 경험은 있으신가요?"
- "사장님께서는 혹시 성실신고확인대상자이신가요?"
- "가업승계에 대해 준비하고 있으신가요?"
- "이전에 사전증여를 해보신 경험이 있으신가요?"
- "현재 법인의 한 주당 가격은 얼마나 되나요?"

◉ 문제발굴형 질문을 통해 잠재 니즈를 표현하게 하라

다음은 문제발굴형 질문에 대해 살펴보도록 하겠다. 문제발굴형 질문은 고객의 현재 상황 중 문제, 어려움, 불만족에 관한 질문으로 상황파악형 질문에서 얻은 정보를 기초로 고객의 불만을 유도(불완전한 상황 + 불만의 언급)하는 행동이다. 이 질문을 통해서 고객의 잠재 니즈를 발굴할 수 있다.

문제발굴형 질문은 파악된 현재 고객의 상황에 "불만은 없으신가요?", "문제는 없으신가요?"라는 질문이 추가되는 형식이다. 예를 들어, "현재 보험료는 얼마나 납입하고 계시나요?"라는 상황파악형 질문을 던졌을 때, "한 달에 100만 원 정도 내고 있어요."라는 답변으로 현재의 고객 상황을 파악했다면 이 상황이 고객에게 불만인 상황인지 아닌지를 알아봐야 한다. 이때 이런 질문을 던진다. "보험료 지출이 많은데, 혹시 납부하는 데 어려움은 없으세요?"라고. 만약 고객이 "네, 사실은 보험료 납입이 부담스러워요. 특히 장사가 잘 안 될 때는 부담이 더 크지요."라고 한다면, 고객은 현재 보험료 납입 규모에 대한 불만이 있음을 알 수 있다. 고객의 잠재 니즈를 찾아낸 것이다.

다른 사례를 한 번 더 보자. "대표님, 작년에 배당금을 받으셨나요?"라는 상황파악형 질문에 "아니요, 지금까지 한 번도 배당금을 받은 적이 없어요."라고 답했다면, 이것이 불편하고 불만인 상황인지를 확인하기 위해 추가 질문을 던져야 한다. 이때는 이런 질문을 할 수 있다. "대표님, 지금까지 배당금을 못 받아서 생긴 문제나 어려움은 없으셨나요?" 이것이 바로 문제발굴형 질문이 된다. 이 경우 고객은 "차명주주가 있어서 배당을 처리하지 못하고 있는데 고민입니다." 또는 "배당금은 가져오고 싶은데 워낙 세금이 많아서 그대로 두고 있어 안타까워요."라는 답변이 나온다면 고객이 어려움을 겪고 있는 상황인지 아닌지, 문제로 인식하고 있다면 그 이유는 무엇인지를 명확하게 파악할 수 있게 되는 것이다.

문제발굴형 질문은 상담의 성패에 상당한 영향을 미친다. 고객은 자기 문제를 이야기할 때 흥미를 가지기 때문에 문제발굴형 질문이 잘 이루어지면 성공적인 세일즈로 이어지는 경우가 많다. 문제발굴형 질문을 많이 하면 그만큼 FC가 해결해줄 수 있는 고객의 불만이 많이 발굴된다는 것이고, 이것을 현재 니즈로 개발하면 이점으로 만들 수 있는 것이 많아진다. 이점이 많으면 많을수록 구매 확률은 높아지므로 문제발굴형 질문은 많이 할수록 좋다.

　문제발굴형 질문을 해야 하는 가장 적합한 시기는 고객의 상황을 자연스럽게 문제의 영역 쪽으로 이끌어갈 분위기가 충분히 조성되었을 때, 즉 상담의 초기 단계이다. 하지만 문제발굴형 질문으로 상담을 시작해서는 안 된다. 그렇게 하면 고객은 불편해하고, 부담을 느끼며, 문제를 부정할 가능성이 매우 높다. 문제발굴형 질문으로 발굴한 니즈는 사사로운 불편이나 문제점에 대한 불만 상태이기 때문에 성급히 해결안을 제시하면서 세일즈로 진행해서는 안 된다. 그렇다면 잠재 니즈를 발굴할 수 있는 문제발굴형 질문은 어떤 것이 있는지 몇 가지 대표적인 사례를 중심으로 살펴보자.

- "지금 납입하고 있는 보험료가 부담스럽지는 않으신가요?"
- "보장 내용을 잘 알지 못했을 때 문제나 어려움은 없으신가요?"
- "다른 고객은 서비스나 보장 내용이 문제라고 하시던데, 고객님은 어떠신가요?"

- "자산승계에 대한 준비가 없을 경우 엄청난 세금에 대한 문제는 없으신가요?"
- "부동산 비중이 높기 때문에 향후 상속세 납부 재원 마련에 문제는 없으신가요?"
- "성실신고확인제도 대상자이기 때문에 어려움을 겪고 있지는 않으신가요?"
- "배당정책을 실시하지 않을 경우 문제는 없으신가요?"
- "차명주주가 있을 경우 향후 승계과정에 어려움이 없으신가요?"
- "대표님, 혹시 정관이 정비되어 있지 않아 발생하는 문제점은 없으신가요?"
- "가업승계에 대한 사전 준비 없이 법인 자산을 이전하게 되는 경우 어려움은 없으신가요?"
- "법인의 현재 가치를 정확히 모르고 있어서 발생할 문제는 없으신가요?"

잠재 니즈를
현재 니즈로 발전시키려면

고객은 문제발굴형 질문에 대한 답변으로 현재 상태의 문제나 불만족을 표현한다. 즉, 잠재 니즈를 표출한다. 하지만 잠재 니즈가 성공적인 세일즈로 바로 연결되지는 않는다. 고객은 현재 상황에 문제가 있다고 해서 반드시 FC가 제안하는 솔루션을 실행하지는 않기 때문이다. 이와는 달리 현재 니즈는 성공적인 세일즈와 밀접한 관계를 갖는다. 더 많은 현재 니즈를 확보할수록 세일즈 성공확률은 더 높아진다.

이제 현재 니즈를 만들 수 있는 행동에 대해 살펴보자. 우선 현재 니즈로 개발하기 위한 두 가지 요소를 알아보자. 첫째, 고객이 문제에 대해 인식하고, 그 문제를 해결하려는 적극적인 행동으로 이어지기 이전에 그 문제에 대한 심각성을 충분히 느껴야 한다. 둘째, 고객이 행동 이전에 문제해결을 간절히 원해야 한다. 고객이 가진 잠재 니즈를 FC가 현재 니즈로 개발하려면 현재 인식하고 있는 문제의 심각성을 명확히 하고, 해결책에 대한 강한 욕구가 생기도록 하고, 문제를 해결했을 때 고객이 얻게 되는 이익의 가치를 충분히 느끼도록 해야 한다. 이렇게 문제를 명확히 인식하고 심각한 문제로 받아들이도록 하기 위해서는 심각성 확대형 질문을 적극 사용해야 한다.

● 심각성 확대형 질문을 통해 문제의 심각성을 인식시켜라

심각성 확대형 질문은 고객의 문제가 가져올 결과나 영향에 관한 질문으로, 문제의 심각성을 고객에게 인식시키고 확대, 개발시키는 질문이다. 고객이 별로 중요하게 생각하지 않는 애로사항이 시간, 사람, 비용 등 다양한 측면에서 어떤 중요한 영향을 주는지를 인식하게 하는 질문이다. 만약 문제를 해결하지 않을 경우 파생되는 추가 문제의 심각성을 느끼게 하는 일이다. 앞서 우리는 보험료 납입 부담에 대한 잠재 니즈를 찾아내는 상황파악형 질문과 문제발굴형 질문의 구체적인 사례를 살펴보았다. 이 경우 고객은 보험료 납입에 대한 부담은 있지만 이를 아주 작은 문제로만 인식하고 있을 뿐 당장 해결하려는 강한 욕구로 발전된 상태는 아니다. 여기서 FC는 작은 일들의 어려움이 앞으로 어떻게 심각한 문제가 될 수 있는지, 그로 인해 고객이 받게 될 불이익이 얼마나 크고 많은지 질문을 통해 고객 스스로 느끼도록 해야 한다.

심각성을 확대하는 질문은 다음과 같이 할 수 있다. "현재 보험료 납입 수준이 부담스럽다면 앞으로 소득이 줄어들거나 하면 더 큰 부담이 되지 않을까요?", "납입에 대한 부담이 커져 더 이상 납입할 수 없는 상황이 되면 어떤 어려움이 생길까요?", "보험료 납입이 중단되면 보장을 받는 데는 문제가 없을까요?", "일정한 시점 이후 더 이상 유지하기 힘들어 해지하게 되면 불입한 돈을 돌려받지 못하는 손실에 대해서는 생각해보셨나요?", "나중에 보험을 새로 가입하신다고 하더라도 재가입 시 보험료는 지금보다 훨씬 비싸져서 부담이 더 커질 수도 있는데 괜찮을까요?", "가입을 다시 하고 싶어도 그 시점에 건강하지 않으면 가입 자체가 불가능할 수 있다는 점은 알고 계신가요?" 등으로 할 수 있다. 어떤가? 다른 질문 유형보다 좀 더 복잡하고 어렵다고 느낄 수 있다. 하지만 문제의 심각성을 인식시켜 해결하고자 하는 강한 욕구로 발전시킬 수 있는 질문이고, 상담의 성패를 좌우할 수도 있기 때문에 FC는 적극적으로 심각성 확대형 질문을 구사해야 한다. 이런 질문을 잘 구사하기 위해서는 사전에 많은 준비를 하고 반복해서 훈련해야 한다.

심각성 확대형 질문을 준비할 때는 고객이 가진 문제점 때문에 생길 수 있는 심각한 상황을 다양하게 정리해둘 필요가 있다. 예를 들어, 차명주주가 있는 법인은 차명주주 때문에 발생할 수 있는 심각한 상황을 미리 정리해두면 된다. 차명주주가 있으면 매년 법인의 이익금이 생겨도 배당으로 지급하기 어렵다. 차명주주에게 배당금을 지급하고 다시 회수하는 데 문제가 생길 수 있고, 차명주주는 이름만 빌려줬는데 배당금을 지급받은 것으로 처리되면 소득세가 부과되는 문제가 생길 수 있다. 그리고 향후 법인을 승계할 때 차명주주는 엄청난 걸림돌이 될 수 있는데, 차명주주의 지분을 회수하려면 그만큼의 현금이 필요해진다. 또한 차명주주의 지분을 회수할 때 법인 설립 초기의 액면가 기준이 아니라 현재 시점의 비상장주식 평가액으로 회수해야 하기 때문에 한 주당 가격이 많이 상승했다면 회수할 엄두조차 못 낼 수 있다. 어떤가? 차명주주 보유로 인해 파생되는 심각한 문제가 예상보다 많다는 것이 느껴지는가? 이 과정에서 고객은 상황을 더 심각하게 받아들일 수 있다.

앞서 언급한 상황 질문 중에 개인사업자와 법인사업자와 관련된 내용에 대한 심각성을 확대하기 위해 정리해야 할 세부내용은 4장, 5장을 참조하면 된다.

문제의 심각성을 고객 스스로 인식하게 하는 심각성 확대형 질문의 대표적인 사례를 몇 가지 살펴보자.

- "일정 기간까지만 보장을 받았을 때, 보장 기간 이후에 만일의 경우를 당하신다면 어떻게 되겠습니까? 보장기간 완료 이후 새롭게 보장자산을 준비하신다면 보험료 납입 수준, 가입 여부의 문제는 없겠습니까?"

- "보장 내용을 모르시기 때문에 과도한 준비의 문제, 보장의 공백 문제는 없겠습니까? 이중 준비로 과도한 지출이 동반되지 않겠습니까? 불합리한 지출로 새로운 자산을 형성할 수 있는 기회를 놓치고 있다고 생각하지는 않으십니까?"
- "특정한 위험만 보장받는다면 그 이외의 위험이 발생했을 때 겪게 되는 문제에 대해서는 생각해보셨나요? 그렇다면 현재의 지출이 합리적이라고 생각하십니까?"
- "정관이 제대로 정비되지 않은 상태에서 법인 임원으로서 받을 수 있는 퇴직금의 혜택을 받지 못하는 경우를 생각해보셨나요? 또한 급여 규정이 정비되지 않아 비용처리하지 못해 법인세를 과다하게 납부하게 되는 문제도 발생할 수 있지 않겠습니까? 유족보상 규정이 마련되어 있지 않은 상태에서 예상치 못한 위험이 닥쳤는데 가족에게 아무런 혜택을 주지 못한다면 문제 아닐까요?"

◉ 해결제시형 질문을 통해 강한 욕구로 발전시켜라

마지막으로 해결제시형 질문에 대해 살펴보자. 해결제시형 질문은 고객이 문제를 해결했을 때 받게 되는 이익이나 중요한 점을 질문을 통해 확신하게 하여 현재 니즈를 완성하게 하는 질문이다. 고객이 느끼는 문제의 심각성을 해결 욕구로 발전시켜 문제해결의 필요성, 방법, 효과를 깨닫게 하고 실행으로 옮기게 한다. 이러한 질문은 고객이 명확한 욕구나 욕망 또는 의도, 즉 현재 니즈를 표현하도록 하며, 고객의 관심을 문제해결책에 초점을 맞추게 한다.

해결제시형 질문은 주로 "…한다면 도움이 되는가?"라는 형태로 진행된다. 예를 들어, "보험료 납입에 대한 부담으로 인해 여러 가지 심각한 문제가 발생할 수 있다는 것을 느끼고 계신데, 만약 이러한 보험료 납입 부담을 없앨 수 있는 합리적인 방법이 있다면 도움이 되시겠습니까?"라는 형태이다. 하지만 좀 더 강한 욕구로 개발하기 위해서는 3단계로 진행하는 것이 효과적이다. 즉, '확인'하고 '명확화'하여 '심화'하는 단계를 거치는 것이다.

첫 번째는 '확인' 과정이다. 심각성 확대형 질문을 통해 느끼게 된 문제의 심각성이 처음의 사사로운 작은 문제에서 나오는 것이 맞는지에 대한 확인 과정이다.

예를 들면, "현재 보험료 납입에 대한 부담을 많이 느끼고 그로 인해 납입이 중단되어 보장의 공백이 생기게 되는 경우, 해약 시 금전적 손실을 입게 되는 경우, 재가입 시 과도한 보험료 납입의 문제, 재가입 가능여부에 대한 문제 등이 모두 현재의 보험료 납입 부담 때문에 발생할 수 있는 문제점이라고 생각하고 계신 것 같은데 맞으시죠?"

다음은 '명확화' 단계이다. 이 단계는 고객이 대수롭지 않게 생각했던 작은 문제점이 심각한 문제로 파생될 수 있다는 것을 확인하고, 그 문제점을 해결하면 도움이 되는지 직접 확인하는 과정이다.

예를 들면 "현재의 납입수준을 50%로 경감시키면 소득이 줄어도 납입에 대한 부담을 느끼지 않을 것이고, 그러면 중도해약이라는 문제가 발생하지 않고, 절감된 보험료로 자산증식의 새로운 기회를 갖게 된다면 분명 도움이 되지 않겠습니까?"라는 형태이다.

마지막은 '심화' 단계이다. "… 고객님에게 구체적으로 어떤 도움이 되는가?"의 형태로 진행된다. 이 단계에서는 FC가 고객에게 설명하고자 하는 내용들을 고객이 이야기하고 간절히 요청하게 된다.

예를 들면, "분명 도움이 되신다고 하니 제가 가장 합리적인 솔루션을 제공해드리겠습니다. 그런데 고객님, 만약 이러한 플랜을 실행하게 되면 고객님에게는 어떤 이득이 있을까요?"라고 질문하는 것이다. 이를 통해 그동안 상담과정에서 이야기 나눈 다양한 심각한 문제가 해결될 수 있음을 고객이 직접 이야기하게 된다.

FC가 '도움을 드리겠습니다'라고 이야기하는 것과 고객이 '이런 혜택이 있으니 도와주세요'라고 요청하게 만드는 것은 분명 다르다. 상상해보라. 내가 설명하고 강조하려는 내용을 고객이 나에게 간절히 도와달라고 요청하고 있는 모습을. 생각만 해도 설레지 않는가? 꿈이 아니다. 가능하다.

해결제시형 질문은 앞서 사례로 들었던 법인의 차명주주 문제 상황으로 살펴보자.

• 확인: "대표님, 매년 법인의 이익금이 발생하더라도 배당을 지급

할 수 없고, 향후 법인을 승계할 때 제3자가 주주로 등재되어 있어 승계과정에 걸림돌이 될 수 있으며, 이러한 문제를 해결하기 위해 차명주주의 지분을 회수하려 해도 현재의 한 주당 비상장 주식가격이 너무 높아 회수하기조차 힘들며, 그 과정에서 많은 세금이 발생할 수 있는 이 모든 문제가 차명주주 때문에 발생할 수 있다고 생각하고 계시는데 맞습니까?

- **명확화**: "차명주주의 지분을 효율적으로 회수하여 효과적인 법인승계를 준비할 수 있고, 향후 세금에 대한 부분도 절세할 수 있는 방법에 대해 안내해드린다면 도움이 되지 않겠습니까?"

- **심화**: "도움이 된다고 하시니 제가 가장 합리적인 솔루션을 제공해드리겠습니다. 그런데 고객님 만약 이러한 플랜을 실행하게 되면 고객님에게는 어떤 도움이 될까요?"

'이점'으로
프레젠테이션하라

 고객은 드디어 현재 니즈를 표현하면서 작은 문제점들을 해결하고 싶은 구체적인 욕구로 발전시켰다. 이제는 고객이 해결하려는 욕구를 어떻게 우리의 솔루션으로 해결해줄 수 있는지를 보여주는 일만 남았다. FC는 어느 시점이 되면 고객에게 판매할 상품이나 서비스에 관한 정보를 제공해야 한다. FC의 질문 방식이나 니즈 발굴이 능숙하더라도 고객은 상품에 대해 어느 정도 정보가 제시될 때까지 결정을 내리지 않는다.

 이제 고객을 설득하여 최종 구매까지 연결할 수 있는 효과적인 프레젠테이션 방법에 대해 살펴보자. 고객의 니즈와 제안하는 솔루션을 연결하여 설명하는 방법은 크게 세 가지가 있다. 특성으로 설명하는 방법, 장점화하는 방법, 이점으로 연결하는 방법이다. 한 가지씩 살펴보고 어떤 방법이 가장 효과적인지 알아보자.

첫 번째는 '특성'으로 설명하는 방법이다. 이는 상품의 사실 또는 배경에 관한 정보의 일부, 제품이나 서비스의 몇 가지 기능(특징)을 묘사하는 것으로, 특성은 FC가 제안하는 상품이나 서비스의 특징이다. 특성으로 설명하는 방법은 중립적이며, 설득력이 별로 없다. 고객에 대한 영향력이 별로 없기 때문에 상담 시 특성으로 설명하는 방법은 쓰지 않는 것이 좋다.

두 번째는 '장점화'하는 방법이다. '장점' 설명 방법은 제품이나 제품의 특성이 어떻게 사용되는지 또는 고객에게 어떤 도움을 주는지 묘사하는 것이다. 장점은 특성보다 더 설득력이 있고, 상담 초기에 높은 효력을 갖는다. 그러나 상담과정이 진행되면서 그 효력이 점점 줄어들기 때문에 신중하게 구사해야 한다. 장점은 처음 접근 시 고객에게 강한 영향력을 주기 때문에 이를 남용하기 쉽다. 그러나 시간이 지날수록 효과는 급속히 감소되어 세일즈 마무리 단계에서는 위력이 약해진다. 그러므로 장점으로 설명하기보다는 언제나 고객에게 큰 위력을 행사할 수 있는 이점을 잘 활용해야 한다. 대부분의 장점들은 "이러한 특성 때문에 ~ 하실 수 있습니다."의 형식으로 표현된다. 많은 FC들이 '장점'으로 설명하는 것이 효과적이라고 알고 있고 실제로 특성을 '장점화'하는 방법에 대해 훈련받고 있다. 하지만 이제는 장점이 아닌 '이점화'하는 방식으로 전환할 필요가 있다.

'이점'으로 설명하는 방법은 고객이 표현한 현재 니즈와 상품의 특성 또는 장점이 어떻게 부합하는지에 대해서 언급하는 행동이다. 현재 니즈 충족을 통해 결심을 촉구하는 설명 방법이고, 모든 세일즈 활동에서 가장 위력이 있으며, 고객의 현재 니즈가 명확하게 개발되어야 쓸 수 있는 방법이다. 고객에게 필요할 것이라는 추측만으로 제시한다면 절대 이점이 될 수 없다. 잠재 니즈 상태에서 해결책을 말하는 것 역시 이점이 될 수 없다.

많은 세일즈 활동이 현재 니즈가 확실해지기 전에 해결책을 제시하면서 실패한다. 장점과 이점의 가장 큰 차이는 고객의 현재 니즈를 개발하고 확대해나가는 과정을 거쳤는지의 여부에 있다. 장점은 단순히 상품의 특징으로 인해 고객이 누릴 이득을 연계한 설명이지만, 이점은 질문을 통해 상품의 특징이 실제로 고객이 원하는 기능인지를 확인하고 그 필요성을 고객 스스로 인식하게 하여 구매욕구까지 개발된 후에 고객의 욕구와 상품의 특징을 연계하는 설명 방식이다. FC가 생각하는 상품의 장점이 반드시 고객이 원하는 기능이 아닐 수도 있다. 이 경우 상품의 특징이 고객이 원하는 기능인지, 그 우선순위가 어느 정도인지를 검증하지 않는다면 고객이 선호하지 않는 기능을 계속 강조하거나 우선순위가 떨어지는 기능을 더 많이 강조하게 되고, 그 결과 고객의 구매 가능성은 떨어질 수밖에 없다.

나는 종종 상품 설명은 아주 잘한다고 자부하면서도 계약 마무리는 잘 안 되는 FC를 본다. 이들은 장점으로 유창하게 설명만 했지, 고객의 현재 니즈를 개발하고 현재 니즈의 우선순위에 맞춰 솔루션으로 연계하는 이점의 방식으로 설명하지 못하는 경우라고 할 수 있다.

● 질문을 통해 확인하라

세일즈의 구매확률을 높이기 위해서는 이점화하려는 노력을 계속해야 한다. 예를 들어, 자동차를 구매하는 과정을 떠올려보자. 자동차를 구매할 때 성능보다는 디자인과 음향을 중시하는 고객이 있다고 치자. 당연히 이 고객은 자동차의 '음향 시스템'과 '디자인'을 가장 궁금해한다. 그런데 세일즈맨은 성능의 장점만 죽 늘어놓는다. 심지어 고객은 음악 감상에 방해가 된다고 생각하는 선루프 기능을 좋아하지 않는데, 세일즈맨이 선루프의 장점을 열정적으로 설명한다면? 이런 상황이라면 고객이 구매하겠는가?

고객의 취향은 다 다르다. 고객이 무엇을 원하는지, 그리고 요구하는 사항의 우선순위가 무엇인지도 모르고 장점만을 나열한다면 구매결정은 이루어지지 않는다. 그러면 구매 확률을 높일 수 있는 '이점'으로 설명하려면 어떻게 해야 할까? 어렵지 않다. 고객에게 물어보면 된다. 자동차를 구매할 때 어떤 기능을 선호하는지, 기존의 자동차에서 가지고 있었던 불만은 무엇인지 등을 물어보고 그 과정을 통해 고객이 선호하는 기능의 우선순위까지 파악한 후, 그 우선순위대로 집중해서 설명하면 된다. 장점과 이점의 가장 큰 차이는 질문을 통해 고객의 니즈를 파악하고 개발했느냐 그리고 그 우선순위를 파악했느냐의 여부에 따라 달라진다. 고객의 니즈를 확인하지 않은 채 일방적인 설명만 해서는 절대 안 된다. 반드시 질문을 통해 확인하고 개발하도록 노력해야 한다.

클로징을 잘하려면

이제는 적절한 시점에 세일즈를 마무리해야 한다. 성공적인 클로징이 되기 위해서는 프레젠테이션 마지막 과정에서 고객의 구매신호를 파악하여 마무리하는 기법이 필요하다. 이때 거절이라는 산을 반드시 넘어야 한다. 거절을 극복하고 클로징으로 연결하는 방법에 대해 알아보자.

성공적인 클로징을 위해 필요한 세 가지 원칙은 다음과 같다.

첫째, 고객의 현재 니즈를 재확인하는 체크 과정을 거친다. 둘째, 이점을 다시 한 번 요약 정리하여 강조해야 한다. 셋째, 적절한 구매 약속을 제안하면서 마무리한다.

우리는 다양한 클로징 기법에 대해서 잘 알고 있다. 하지만 성공적인 클로징이 이루어지려면 질문을 효과적으로 사용하면서 니즈를 발굴하고 개발, 확대해나가는 기술을 강화해야 한다.

거절은 클로징 과정에서 반드시 겪게 되는 과정이다. 거절을 두려워해서는 안 된다. 그러면 거절을 극복할 수 없다. 거절은 구매 과정에서 당연히 거치는 절차라고 생각하면 된다. 그리고 거절 이후 대처보다 사전 방지가 더 중요하다. 효과적인 질문 기법은 사전에 거절을 예방할 수 있는 기술임을 명심하자.

거절은 일반적인 사람들이 생각하는 구매를 하기 싫다는 의사표현이 아니다. '난 아직 확신이 서지 않으니, 나에게 좀 더 강한 확신을 주세요'라는 도움 요청의 신호로 생각해야 한다. 그런데 많은 거절이 장점만 강조하면서 세일즈 상담을 진행하는 FC 때문에 생긴다. 고객 때문이 아니다.

거절은 왜 일어날까? 고객의 니즈와 그것을 채워줄 수 있는 FC의 능력이나 상품의 가치가 일치하지 않기 때문이다. FC가 해결책을 제시하기 전에 고객의 니즈를 현재 니즈로 발전시키지 못했기 때문이다. 거절의 대부분은 해결책을 제시하기 전에 고객 니즈를 철저히 개발하면 예방할 수 있다. 거절 처리는 시간이 많이 걸리고 종종 비효율적이다. 사전 예방이 사후 처방보다 낫다. 거절을 처리하느라 에너지를 쏟지 말고 거절을 예방할 수 있는 질문 기술을 훈련하는 데 더 많은 에너지를 쏟는 것이 훨씬 현명하다고 할 수 있다.

4장

자산가 컨설팅 Q&A _ 개인 컨설팅

성실신고확인제도 대상자에게는
어떤 내용으로 컨설팅해야 할까?

컨설팅 포인트

❶ "향후 성실신고확인제도 대상자의 기준이 대폭 하향되기 때문에 법인 전환을 적극 검토하셔야 합니다."

❷ "성실신고확인 대상인 개인사업자가 법인으로 전환하게 되면 3년간은 과세당국의 집중 관리를 받게 되므로 성실신고확인제도 대상이 아닐 때 법인으로 전환하는 것이 효과적입니다."

❸ "법인전환으로 절세효과를 누리는 것도 중요하지만 그보다 더 중요한 것은 가업승계특례를 활용하여 자산 승계를 효과적으로 하는 것입니다."

❹ "법인 전환 및 설립 시 다양한 요소를 고려해야 하는데 가장 중요한 것은 주주를 누구로 참여시킬 것인가와 주주의 지분율을 어떻게 가져갈 것인가입니다."

◉ **"이런 개인사업자는 법인 전환을 적극 검토하셔야 합니다."**

요즘 법인을 신설하거나 개인사업자에서 법인사업자로 전환하는 경우가 많아졌다. 법인 신설은 청년실업 대책의 일환인 창업자금 특례를 활용한 청년 창업이 많고, 법인 전환은 주로 종합소득세 부담을 느낀 개인사업자(특히 성실신고확인 대상자)가 절세 차원에서 하는 경우가 많다. 법인의 신설과 전환은 절세 목적 외에도 가업승계특례를 통해 자산승계 시 법인 자산이 상속재산에서 제외될 수 있는 특례를 활용하려는 의도가 있다. 그리고 부동산 과다 보유자는 재산세, 보유세 또는 향후 발생할 수 있는 상속세를 절세할 목적으로 진행되는 경우가 많다. 이 책에서는 법인 신설 및 전환 시 반드시 고객과 나누어야 할 중요 포인트를 중심으로 살펴보겠다. 우선 법인사업자로 전환을 검토해야 할 개인사업자는 다음과 같다.

- 성실신고확인제도 대상기업으로 세금 부담이 크고, 과세당국의 중점관리 대상이 되는 기업
- 기업소유 부동산 가격이 가파르게 상승했거나 상승할 예정이어서 양도소득세 부담이 많은 기업
- 가업 승계에 따른 상속/증여세 부담이 큰 기업
- 당기 순이익과 사업소득 이외 다른 소득(이자/배당, 부동산 임대소득 등)이 많아 종합소득세 부담이 큰 기업
- 임대사업자처럼 가업승계를 하려고 하나 가업상속공제 대상에서 제외되어 있는 기업
- 금융권 대출이나 정부기관 입찰을 위해 대외 신용도를 높이고자 하는 기업
- 정부 정책자금 지원 및 기타 고용지원 정책의 혜택을 받고자 하는 기업

◉ "현재 성실신고확인 대상이 아니더라도 법인 전환을 검토하셔야 합니다."

현재 성실신고확인 대상인 경우는 법인 전환을 적극 검토하겠지만 대상이 아니면 검토조차 하지 않는 경우가 많다. 이 경우 성실신고확인 대상이 아니더라도 법인 전환을 적극 검토할 필요가 있음을 강조해야 한다. 왜냐하면 성실신고확인 대상 기준 자체가 지속적으로 하향 조정되는 추세이기 때문이다. 현재는 대상이 아니더라도 머지않아 대상이 될 수 있다. 또한 성실신고확인제도 대상인 개인사업자가 법인으로 전환하면 일정 기간 동안 법인도 성실신고확인제도 대상자와 동일하게 집중관리를 받도록 세법이 변경되었다.

성실신고확인 대상 기업의 경우 매출 순위가 상위에 올라 있어 과세당국의 집중관리를 받게 된다. 그 부담 때문에 법인으로 전환하는 경우가 많았다. 즉, 개인사업자일 때 매출 순위가 높았더라도 법인으로 전환하면 법인사업자의 매출 규모에 비해 상대적으로 적기 때문에 매출 순위가 자연스럽게 하락하면서 과세당국의 집중관리에서 벗어나게 되는 일종의 '숨는 효과'가 있었다. 그러나 2018년부터 소규모 법인 성실신고제도가 시행되고 있어 성실신고확인 대상이 되기 전에 미리 법인으로 전환하는 것이 필요하다는 점을 강조해야 한다. 소규모 법인 성실신고제도의 대상 기준은 다음과 같다.

• 성실신고확인 대상 개인사업자가 법인 전환 후 3년 이내인 법인

- 다음의 소규모 법인 요건에 해당하는 법인
  ① 해당 사업연도 상시 근로자 5인 미만 법인
  ② 지배주주 및 특수관계자 지분 합계가 전체의 50%를 초과하는 법인
  ③ 부동산 임대업을 주업으로 하거나 부동산 등 권리대여, 이자, 배당소득의 합계가 매출의 70% 이상인 법인

소규모 법인 성실신고 대상자 요건은 세 가지 모두 충족해야 해야 하기 때문에 부동산 임대 법인 대부분이 여기에 해당된다. 중요한 것은 성실신고확인 대상이었던 개인사업자가 법인으로 전환하면 3년 동안은 과세당국의 집중관리를 받기 때문에 법인 전환 이후 '숨는 효과'를 볼 수 없게 된다. 그래서 성실신고확인 대상이 되기 이전에 미리 법인 전환을 검토하는 것이 현명하다. 성실신고확인제도는 고객과 상담 시 많이 다루어지는 주제이니만큼 세부내용을 좀 더 살펴보도록 하겠다.

◉ "성실신고확인제도에 대해 이해하고 준비하셔야 합니다."

성실신고확인제도는 고소득 자영업자를 대상으로 한다. 개인사업자의 매출이 증가하면 과세표준 구간별로 세금이 증가하게 된다. 비용공제 후 수입금액을 기준으로 연간 1,200만 원 이하면 6%의 세금

을 내면 되지만 4,600만 원 이하인 경우는 15%, 8,800만 원 이하는 25%, 5억 원이 넘으면 42%로 껑충 뛰어오른다. 이러다 보니 자영업자의 매출 축소, 가공경비산입 등 세금 탈루가 빈번해졌고, 고소득 자영업자의 성실한 신고를 유도하기 위해 이 제도가 만들어졌다. 성실신고확인 대상 기준은 다음과 같다.

업종	연간 수입금액(매출액)		
	2017년까지	2018~2019년	2020년 이후
부동산 임대, 교육서비스, 보건, 사회복지, 예술, 스포츠, 기타 개인서비스업 등	5억 원	5억 원	3.5억 원
제조, 음식, 숙박, 운수, 출판 방송, 금융보험, 상품중개 등	10억 원	7.5억 원	5억 원
농임, 어업, 광업, 도소매, 부동산 매매 등	20억 원	15억 원	10억 원

여기서 연간 수입금액은 비용을 공제한 순수입이 아니라 총 매출액을 기준으로 하기 때문에 대상자가 더 많아지고, 2020년 이후에는 초기 시행 시의 절반 수준으로 기준이 하향될 예정이어서 대상자는 더욱 늘어날 것으로 보인다.

◉ "법인 전환 시 다음 사항을 반드시 고려하셔야 합니다."

법인 전환 검토를 위해서는 고려해야 할 사항이 많다. 법인 전환의 형태를 어떻게 할 것인가, 법인 전환의 방법은 무엇으로 할 것인가, 법인 전환 시의 세금 비교, 향후 가업승계 여부, 초기 출자금의 규모, 주주 구성 및 지분 등이다. 고객이 혹시 놓칠 수 있는 고려사항들을 꼼꼼하게 챙겨주면 강한 신뢰를 얻을 수 있게 된다.

법인 전환 시 고려사항은 다음과 같다.

- 현재 처한 회사 사정에 따라서 이익이 되는지 고려할 것
- 세금 부담은 어떻게 달라지는지 고려할 것
- 회사의 업무 특성과 부합하는지 고려할 것
- 기업의 자금 여건을 고려할 것
- 향후 매출을 고려할 것
- 비용 등을 고려할 것

위의 일반적인 고려사항 외에 FC가 고객과 적극적으로 나누어야 하고 쉽게 놓칠 수 있는 내용을 중심으로 좀 더 상세히 살펴보자.

◉ "주주와 지분 구성은 매우 중요합니다. 어떻게 할지 심사숙고 하셔야 합니다."

지분 구성은 법인 신설이나 전환 시 매우 중요한 사항이다. 그런데 주주 지분만 신경 쓰면서 비율에 대해서는 고민을 많이 하지 않는다. 대부분은 법인 대표로만 주주로 구성되어 있거나 심지어는 차명 주주가 포함되어 있는 경우도 있다. 특히 지분율은 법인 대표의 지분율이 전체 지분의 50%가 넘으면 과점주주가 되어 세금의 불이익이 있다는 이야기만 듣고 49%로 하고, 나머지 지분은 지인에게 명의신탁을 부탁하여 주주를 구성하는 사례가 많다. 이 방법은 향후 세금 문제를 포함한 다양한 문제가 생길 수 있다.

주주와 지분에 대한 결정을 하기 위해서는 법인 설립 목적과 전환 목적을 우선 살펴보아야 한다. 예를 들어, 법인 전환의 목적이 절세에 있지 않고, 자산승계 과정에서의 상속세 절감과 가업승계라면 법인 대표를 포함한 특수관계인의 지분 합계가 50% 이상이 되어야 한다. 이는 가업승계의 요건이기 때문에 단순히 과점주주 대상이 되지 않기 위해 법인 대표의 지분을 적게 하는 것은 바람직하지 않다. 그리고 향후 배당정책으로 자연스럽게 법인 대표의 지분을 가족에게 이전하기 위해서는 주주 구성을 가족 중심으로 하는 것이 좋다. 차명주주나 가족이 아닌 타인이 주주로 참여하고 있는 경우 기업승계에 걸림돌이 될 수 있고, 주주합의로 차등배당을 실시하는 것도 제한적일 수밖에 없다. 차등배당정책은 5장에서 상세하게 살펴보겠다.

법인 설립 초기에 고민 없이 주주를 구성했다가 나중에 후회하고 주주를 변경하고 지분 조정을 하려면 그 시점의 비상장법인 한 주당 가격이 상승하여 변경에 따른 비용이 더 발생할 수 있다. 그 부담 때문에 주주 변경이나 지분 조정이 어려워진다. 법인을 설립하는 시점의 한 주당 가격이 액면가로 제일 싸기 때문에 그 시점에 저렴한 비용으로 주주와 지분을 잘 구성하는 지혜가 필요하다.

그리고 가업승계 계획이 있다면 자녀의 지분을 조금이라도 만들어두어야 한다. 자녀의 주주참여는 향후 차등배당정책을 통한 소득세 절세와 법인 대표 지분을 자녀에게 서서히 이전하기 위해서는 반드시 필요한 일이다.

자녀의 주주참여 시에는 법인출자금(법인 설립 시 액면가액을 기준으로 주식의 비중에 따라 주주가 법인에 출자하는 금액)에 대한 명확한 자금 출처 소명이 필요하다는 사실에 주의해야 한다. 만약 자녀가 소득이 없다면 증여를 실행하고 그 자금으로 지분 참여를 하도록 하고, 자금 출처에 대해 명확한 근거를 남겨두어야 한다. 향후 법인의 한 주당 가격이 상승할 경우 처음 지분 참여 시 자금 출처에 대한 명확한 소명이 없으면 자녀 또한 명의신탁으로 간주될 수 있으니 유의해야 한다. 반드시 자녀 명의의 통장에서 법인 명의 계좌로 지분에 해당하는 출자금을 송금하여 기록을 남겨두는 것이 좋다.

◉ **"법인 전환 방법에 따라 세금이 달라지니 고민하셔야 합니다."**

법인 설립 혹은 전환 시에는 각종 세금과 법인의 형태를 고려해야 한다. 여기서는 개인사업자와 법인사업자의 차이점을 비교, 분석해 보고 법인 전환 형태에 따라 달라지는 세금에 대해 살펴보겠다.

개인사업자와 법인사업자 비교

구분	개인사업자	법인사업자
설립 절차 및 비용	설립 절차가 비교적 쉽고 비용이 적게 들기 때문에 사업규모나 자본이 적은 사업에 적합하다.	법원에 설립등기를 해야 하는 일정 절차가 필요하며 자본금과 등록면허세 등의 설립비용이 소요된다.
사업의 책임성과 신뢰도	경영상 발생하는 모든 문제와 부채 손실에 대한 위험을 전적으로 사업주 혼자 책임져야 한다.	법인의 주주는 출자나 지분한도 내에서만 책임을 지게 되고, 개인에 비해 대외신뢰도가 높다.
자금조달과 이익 분배	자본조달에 한계가 있으나, 사업에서 발생한 이익을 사용하는 데 제약이 없다.	주식 발행이나 회사채 발행을 통해 자금을 조달할 수 있으며, 배당을 통해 이익이 분배된다.
소득처분	세무조정금액이 기업 외부로 유출된 경우는 귀속자의 소득으로 처분하지 않고, 사업주가 인출하여 증여한 것으로 본다. 세무조정금액이 내부에 남아 있는 경우는 유보로 처분하여 유보소득조정명세서에서 관리한다.	세무조정금액이 기업 외부로 유출된 경우는 귀속자의 소득으로 처분하여 귀속자의 소득세 납세의무가 발생한다. 세무조정금액이 내부에 남아 있는 경우는 유보로 처리하여 관리한다.
대표자/사업주 급여	필요경비 불산입.	손금인정. 대표자의 근로소득세 및 배당소득세 부과.
대표자/사업주 퇴직급여 충당금	퇴직급여 충당금 설정 불가능.	퇴직급여 충당금 설정 가능.
가업승계 시 자산 평가	시가(실거래가).	지분승계로 비상장주식 평가법 적용.

개인사업자와 법인사업자 세금 비교

구분	과세표준	세율
개인사업자	1,200만 원 이하	6%
	1,200만 원 초과 ~ 4,600만 원 이하	15%
	4,600만 원 초과 ~ 8,800만 원 이하	24%
	8,800만 원 초과 ~ 15,000만 원 이하	35%
	15,000만 원 초과 ~ 30,000만 원 이하	38%
	30,000만 원 초과 ~ 50,000만 원	40%
	50,000만 원 초과	42%
법인사업자	2억 원 이하	10%
	2억 원 초과 ~ 200억 원 이하	20%
	200억 원 초과 ~ 3,000억 원 이하	22%
	3,000억 원 초과	25%

법인 전환 방법별 주요 세금 비교

구분	법인 전환방법		
	세 감면 포괄양수도	현물출자	일반 사업양수도
부가가치세	과세 제외	과세 제외	과세
양도소득세	이월과세	이월과세	과세
부동산 등 취득세	면제	면제	과세
차량 등 취득세	면제	면제	과세
법인 설립 등록면허세	과세	과세	과세
국민주택채권	전액 매입	전액 면제	전액 매입

Q2
상담 초기 자산관리 니즈를
환기할 수 있는 방법은?

❶ "자발적인 지출은 '통제'를 통해 줄여나가고, 예상치 못한 비자발적인 지출은 보험을 통해 사전에 '대비'해야 합니다."

❷ "현재의 실현 수입은 지속적으로 '확대'해야 하고, 미래의 잠재 수입은 합리적인 금융상품을 통해 새롭게 '발굴'해야 합니다."

❸ "부자지수 법칙을 보면 행복한 부자의 확률을 높이기 위해서는 수입의 크기도 중요하지만 주어진 수입을 어떻게 잘 관리하느냐가 더 중요합니다."

❹ "행복한 부자는 부채관리도 전략적으로 하고 있습니다. 무조건 부채를 상환하기보다 새로운 자산을 형성할 수 있는 기회를 같이 가져가야 합니다."

❺ "자산관리에 있어 유일하게 선택할 수 있는 것은 '시간'밖에 없습니다. 시간의 선물을 만끽해야 합니다."

❻ "복리효과를 위해 눈을 뭉치고, 긴 언덕에 굴리세요."

⊙ '통제, 대비, 확대, 발굴' 원칙을 통해 합리적 자산관리 니즈를 설득하라

행복한 부자가 되기 위한 자산관리의 원칙은 통제, 대비, 확대, 발굴로 정리할 수 있다. 행복한 부자가 되기 위해서는 지출은 줄이고 수입은 늘려야 한다. 지출은 크게 자발적 지출과 비자발적 지출로 구분할 수 있다. 자발적 지출은 우리가 생활하면서 어쩔 수 없이 써야 하는 의식주에 관련된 소비나 사치성 소비를 의미하며, 이는 '통제'의 방법으로 줄여나가야 한다. 비자발적 지출은 자신의 의지와 관계없이 발생하는 사건에 따르는 비용, 즉 예기치 않은 사고나 질병 또는 위험이 발생했을 때를 의미한다. 이는 적절한 '대비'가 필요한데, 그 준비 수단이 바로 보험이다.

반면, 수입은 늘려나가야 한다. 수입은 크게 현재 실현 수입과 미래 잠재 수입으로 나눌 수 있다. 실현 수입은 현재 하고 있는 일을 통한 수입을 의미하며, '확대'를 통해 늘려나가야 한다. 미래 잠재 수입은 현재 수입은 아니지만 수입의 원천이 많으면 많을수록 자산증식에 유리하므로 새롭게 '발굴'해야 한다.

행복한 부자가 되기 위한 이 네 가지 원칙을 활용해서 FC는 고객에게 도움을 줄 수 있다.

첫째, 소비 통제는 고객의 재무제표와 현금흐름표 분석을 통해 통제 가능한 지출 규모와 내용을 분석해줌으로써 고객 스스로 소비를 성공적으로 통제할 수 있도록 도울 수 있다.

둘째, 위험발생 시에 필요한 비자발적 지출은 보장을 통해 고객에게 기여할 수 있다. 보험은 위험을 대비하는 수단이자, 자산관리에서 매우 중요한 하나의 축임을 명심하자. 자산관리의 완성은 위험관리의 기초공사에서부터 시작한다. 예를 들어, 10년 후에 10억 원의 목적자금을 만드는 투자를 실행한다고 가정하자. 10년 후 10억 원이라는 자금을 마련하기 위해서는 매월 일정한 금액이 투자되어야 하고 일정한 수익률이 달성되어야 한다. 그런데 이러한 것만 충족되면 10억 원 마련은 아무 문제없이 이루어질 수 있을까? 그렇지 않다. 추가로 10년 동안 아프지 않고 다치지도 않아야 한다. 더군다나 사망이라는 최악의 위험요소가 생기면 목적자금의 꿈은 물거품이 되어 버린다. 만일 10년 동안 만일의 위험을 보장해주는 보험이 동시에 준비되어 있다면 갑자기 어떠한 위험이 생기더라도 10억 원 마련의 꿈은 이룰 수 있게 된다. 위험관리의 기초공사 없이 모으기만 하는 자산관리는 언제 무너질지 모르는 모래 위에 성을 쌓는 것과 같다.

셋째, 현재 실현 수입을 확대하는 데 FC가 어떻게 기여할 수 있을까? 고객이 직접 실행하는 자산관리는 많은 시간과 에너지를 필요로 한다. 그만큼 현재 하고 있는 일에 집중하지 못할 가능성이 높아 수입이 늘어나기 힘들다. 이때 전문가가 자산관리를 대신해줌으로써 고객이 현재 하고 있는 일에 전념하도록 도움을 주면 된다.

넷째, 미래 잠재 수입은 금융자산 형성으로 새로운 현금흐름을 창출해줄 수 있다. 《바빌론 부자들의 돈 버는 지혜》라는 책 속에는 '양이 새끼를 치듯이 돈이 돈을 낳도록 하라'라는 문구가 있다. 이 말은 내가 일하지 말고 돈이 일하게 만들어 새로운 수입을 만들라는

'Money Worker'를 이야기한 것이다. FC가 제공해주는 금융상품을 통해 고객은 미래의 새로운 잠재 수입을 발굴하게 되는 것이다.

● 부자지수법칙을 활용하여 설득하라

합리적인 자산관리 원칙과 그것을 자산가에게 설득할 수 있는 방법에 대해 살펴보자. 우선 비과세 포트폴리오 구성을 컨설팅하기 위해서는 자산관리의 중요 원칙을 공유하는 것이 좋다. 이 과정에서 나는 부자지수법칙을 많이 활용한다. 미국 조지아주립대학교 전 교수인 토머스 스탠리 박사는 《이웃집 백만장자》에서 '부자지수'를 소개했는데, 이 법칙을 통해 부자가 될 확률을 계산할 수 있다.

$$부자지수 = \frac{순자산 \times 10}{나이 \times 총소득}$$

여기서 순자산이란 자산에서 부채를 차감한 자산을 말하며, 총소득은 연간소득 총액을 의미한다. 부자지수법칙을 통해 자산가에게 세 가지 메시지를 전달할 수 있다.

원칙1: 수입의 크기보다 수입의 관리가 더 중요하다

예를 들어, A(30세, 순자산 5억 원, 연간 총소득 5억 원)와 B(30세, 순자산 3억 원, 연간 총소득 2억 원)의 경우를 보자. A는 부자될 확률이 33%인 반면, B는 50%이다. A가 B에 비해 연 총소득과 지금까지 축적한 순자산이 더 많음에도 부자가 될 확률이 떨어진다. 그 이유는 무엇일까? A는 지금까지 연 총소득만큼 자산을 모았지만 B는 자신의 소득보다 많은 자산을 모았기 때문이다. 즉, 현재는 A가 더 부자일지 모르지만 시간이 지나면 지날수록 부자가 될 확률은 B가 더 높아진다. 여기에서 우리는 현재 소득의 크기도 중요하지만 소득을 어떻게 잘 관리하느냐가 더 중요하다는 사실을 알 수 있다. 다음에서 언급하는 워런 버핏의 《스노 볼》에서 강조한 눈을 뭉치는 일과 일맥상통한다. 부자될 확률은 눈의 크기보다 눈 자체를 뭉쳤느냐, 안 뭉쳤느냐가 더 중요하다. 적은 금액의 종잣돈이라도 허투루 소비하지 않고 자산관리 통장에 담아 굴리는 원칙을 지키는 것이 미래에 행복한 부자가 될 확률을 높여주는 첫 번째 요인이 된다.

원칙2: 부채상환도 전략적으로 실행하라 (4-4-2 법칙)

미래에 부자가 될 확률을 높이기 위해서는 순자산의 규모를 늘려나가야 한다. 순자산은 전체 자산에서 부채를 차감한 것이다. 만일 부채가 있다면 가장 먼저 부채를 상환해야 한다. 다만 행복한 부자들이 부채를 상환하는 전략을 참고할 필요가 있다. 그들은 4-4-2 방법을 쓴다. 전체 소득의 4할은 생활하는 데 쓰고, 나머지 4할은 부채를 상환하며, 2할은 투자를 하는 방법이다. 대부분의 사람들은 부채를 상환할 때 4-6의 방법을 쓴다. 4할은 생활하는 데 쓰고, 나머지 6할은 부채를 상환하는 방법이다. 그렇다면 4-6 방법과 4-4-2 방법의 근본적인 차이는 어디에 있을까? 4-6 방법은 부채를 많이 상환하기 때문에 이자비용 부담은 줄어들지만, 새로운 자산의 가치증대는 꾀하기 힘들다. 반면 4-4-2 방법은 부채를 상환해나가면서 투자를 병행하기 때문에 새로운 자산의 가치증대도 가능해진다.

자산관리 측면에서 부채는 무조건 없애야 하는 적이 아니라 같이 가야 하는 동반자임을 명심하자. 자산 대비 적절한 부채 비율이라면 레버리지를 적극 활용할 필요가 있다.

원칙3: 자산관리에서 선택 가능한 유일한 것은 시간뿐이다

C(30세, 순자산 10억 원, 연간 총소득 2억 원)와 D(40세, 순자산 20억 원, 연간 총소득 4억 원)의 경우를 보면 D가 C에 비해 연 총소득과 순자산이 두 배이지만, 부자가 될 확률은 C가 훨씬 높다. 그 이유는 무엇일까? C가 D에 비해 10년이 젊다는 데 답이 있다. 자산관리 측면에서 표현하면 'C가 D에 비해 자산관리를 할 수 있는 시간이 앞으로 10년이 더 있다'는 의미이다.

투자에서 시간은 매우 중요하다. 투자에서 내가 선택할 수 있는 유일한 것이 시간이기 때문이다. 시간에 투자함으로써 투자의 위험인 '변동의 위험(Risk)'을 헤지(Hedge)할 수 있으며, 진정한 복리의 효과를 누릴 수 있다. 이러한 시간의 중요성은 '4장 Q6. 복리를 활용한 장기투자로 유도하려면?'에서 좀 더 상세하게 설명했다.

● 워런 버핏의 '스노 볼'을 활용하여 설득하라

금융갑부 워런 버핏은 《스노 볼》에서 다음과 같이 강조하고 있다.

"복리는 눈 덩어리와 같다. 처음에는 작은 알맹이지만 시간이 지나면 지날수록 커지게 된다. 나는 14살 때 신문을 배달하면서 작은 눈을 뭉쳤다. 그리고 그 후 56년 동안 긴 언덕에서 굴려왔다. 삶도 '스노 볼'과 같다. 중요한 것은 습기 머금은 눈과 긴 언덕을 찾아내는 것이다."

여기서 중요한 두 가지는 바로 눈을 뭉치는 일과 긴 언덕을 찾는 일이다. 눈을 뭉치는 일은 종잣돈을 만든다는 의미이다. 눈뭉치가 크냐 작냐보다 눈을 뭉쳤느냐, 안 뭉쳤느냐가 더 중요하다.

눈을 굴릴 긴 언덕을 찾는 일은 눈뭉치가 저절로 굴러가서 커지도록 만드는 일이다. 언덕은 아래쪽으로 경사진 곳을 말한다. 만약에 평지에서 눈을 굴린다면 어떨까? 아마 다른 일은 하지 못하고 계속해서 눈만 굴리고 다녀야 할 것이다. 이것은 현명한 방법이 아니다. 내가 직접 굴리지 않아도 저절로 아래로 굴러가는 긴 언덕을 찾아야 한다. 또한 이 언덕은 불필요한 세금이 붙지 않는 언덕이어야 한다. 자산이 눈덩이처럼 불어나면 뭐하겠는가? 세금도 함께 많아진다면. 수익이 2,000만 원이 넘으면 금융소득종합과세 대상이 되어 종합과세로 인한 세금 부담이 커지고 국세통합시스템의 집중관리 대상이 된다는 사실을 염두에 두어야 한다. 이에 대비할 수 있는 가장 합리적인 솔루션은 현재 나이, 소득수준, 보유한 자산의 크기에 관계없이 일정한 조건을 충족할 경우 전액 비과세되는 보험으로 비과세 포트폴리오를 구성하는 것이다.

Q3

자산가를 대상으로 합리적 은퇴설계의 필요성을 설득하려면?

❶ "합리적인 은퇴설계는 은퇴 이후에 단절되는 현금흐름을 효과적으로 이어나갈 수 있도록 준비하는 것입니다."

❷ "행복한 은퇴에 대한 준비는 '재(財)테크'가 아닌 '산(産)테크'로 하셔야 합니다."

재산(財産)은 어떤 뜻일까? 재(財)는 지금까지 쌓아 놓은 것(예금, 펀드, 부동산 등), 산(産)은 소득, 즉 현금흐름을 의미한다. 재산은 현재까지 축적한 자산과 향후 유입되는 소득, 두 가지 요소가 합쳐진 개념이다. 재산의 원래 뜻을 살펴보면 현재 노후준비의 문제점을 발견할 수 있다.

은퇴시점이 되면 산(産)은 단절되고 재(財)만 남는다. 할 일은 없어지고, 병들기 쉽고, 외로워지는 게 은퇴 이후의 생활이다. 여기에 문제가 있다. 은퇴 이후의 노후준비를 잘하기 위해서는 지금까지 준비한 재(財)와 더불어 은퇴 이후에도 지속적인 현금흐름을 창출할 수 있는 산(産)을 준비하는 것이 더 중요하다. 이제 재만 준비하는 재

(財)테크에서 지속적인 소득을 만들어낼 수 있는 산(産)테크로 은퇴설계의 패러다임을 바꿀 때다.

◉ 산(産)테크의 필요성

두 사람의 사례를 보자. 한 사람은 은퇴준비를 위해 재테크에 집중했고, 풍요로운 은퇴를 위해 10억 원이라는 자산을 만들어 이를 노후자금으로 활용하려고 준비했다. 다른 한 사람은 노후에도 지속적인 현금흐름이 필요함을 깨닫고, 월 500만 원의 연금을 수령할 수 있도록 산테크를 준비했다. 이 두 사람의 미래 은퇴생활을 타임머신을 타고 가보자. 재테크로 노후를 준비한 사례부터 살펴보자.

은퇴 이후의 큰 문제 중 하나는 노후 생활자금뿐 아니라 노령에 찾아오는 건강 관련 위험이다. 만약 이분에게 치매가 발병했다고 가정해보자. 이분은 자산을 만들기 위해 평생을 바쳤다. 하지만 치매로 인해 전 재산이 얼마인지 기억조차 못한다. 자식들은 이분을 요양병원에 입원시킬 수밖에 없는 상황이 온다. 이 경우 매월 병원비는 자식들이 모아서 내거나 본인 재산에서 빠져나가게 된다. 이러한 상황이 되면 자녀들은 어떤 생각을 할까? 재무 관점에서만 극단적으로 접근한다면, 자녀들은 이분이 오래 사시는 게 부담스러워질 수 있다. 굳이 치매가 아니더라도 오랫동안 병석에 있으면 병자는 물론 자녀의 생활도 피폐해진다. 게다가 입원 기간이 길어질수록 자식들이 물려받을 수 있는 재산은 줄어든다. 결국 평생 모은 재산 때문에 자녀에게조차 존중받지 못하는 상황이 올 수 있다.

그럼, 산테크로 매월 500만 원씩 연금을 수령할 수 있도록 준비한 경우를 살펴보자. 이분도 똑같이 치매에 걸렸다고 가정하면, 동일하게 요양병원에 입원하게 된다. 병원비는 매월 수령하는 연금에서 해결할 수 있다. 나머지는 다른 용도로 활용 가능하다. 이 경우 자녀들은 이분이 오랫동안 사시는 것을 간절히 바랄 수 있다. 연금은 살아 있는 기간 내내 나오기 때문이다.

이 두 사례가 우리에게는 먼 이야기일까? 누구에게나 닥칠 수 있는 상황이다. 그래서 이제 은퇴준비는 발생할 수 있는 다양한 상황을 미리 대비할 수 있는 산테크로의 전환이 필요하다.

Q4

저축, 투자, 투기를 구분하여 설득하는 방법은?

컨설팅 포인트

❶ "저축은 무위험 수익률에 투자하는 것입니다."

❷ "무위험은 원금 손실의 위험이 없다는 것이 아니라 변동성의 위험이 없다는 의미입니다."

❸ "투자는 어느 정도의 변동성 위험을 감수하더라도 물가상승률 정도의 플러스 알파 수익률을 기대하는 것입니다."

❹ "투자자가 떠안을 수 있는 위험의 크기를 초과하는 것은 투자가 아니라 투기입니다."

저축 대신 투자를 선택하는 것은 투자에 따른 위험을 감수한다는 말이다. 우선 투자의 정확한 개념을 정립할 필요가 있다. 우리가 흔히 이야기하는 저축과 투자는 어떻게 다를까? 그리고 투자와 투기는 어떻게 구분할 수 있을까? 흔히 저축은 자산을 모으는 것이고, 투자는 자산을 늘리는 것이라고 알고 있다. 또는 저축은 손해가 없지만 투자는 원금 손실의 위험이 따른다고 알고 있다. 틀린 말은 아니다. 하지만 상담을 하는 FC가 자산가에게 신뢰받기 위해서는 각각의 개념을 명확하게 정립할 필요가 있다.

저축은 무위험 수익률에 투자하는 것이다. 위험이 없는 자산증식의 방법이다. 대부분의 사람은 여기서 이야기하는 위험을 원금 손실의 위험이라고 생각한다. FC들도 고객에게 비슷하게 설명한다. 하지만 이것은 정확한 설명이 아니다. 예를 들어, 10억 원을 투자하고 10년 뒤 원금 손실 없이 10억 원만 돌려받는다면 어떨까? 원금 손실은 없었지만 10년이라는 시간을 투자한 대가를 받지 못했기 때문에 기분이 매우 나쁠 것이다. 투자에서는 위험을 단순히 원금 손실로만 이야기해서는 안 된다.

투자의 위험은 크게 변동성 위험과 민감성 위험으로 나눌 수 있다. 변동성 위험은 표준편차로 측정할 수 있는데, 평균수익률에서 얼마나 폭넓게 움직이느냐에 따라 달라질 수 있는 위험을 말한다. 예를 들어, 기대수익률이 10%인 동일한 두 가지 투자상품을 비교해보자. A상품의 기대수익률은 10%인데 수익이 많이 나면 20%, 수익이 나지 않으면 0%까지 떨어질 수 있다고 하면 이 상품은 평균수익률 10%에서 플러스 10%, 마이너스 10% 범위에서 움직이는 것이다. 반면 B상품의 기대수익률은 10%로 동일하지만 상승 시에는 15%, 하락 시에는 5%까지 떨어질 수 있다고 한다면 평균 수익률 10%에서 플러스 5%, 마이너스 5% 사이에서 움직인다. 이러한 경우 당신은 어디에 투자할 것인가? 자산관리의 원칙에서 본다면 B를 선택하는 것이 합리적이다. 왜냐하면 가장 높은 확률로 나올 수 있는 기대수익률이 10%로 동일하다면 상승과 하락의 변동폭이 좁은, 즉 위험이 낮은 B상품을 선택하는 것이 낫다. 하지만 정답은 없다. 왜냐하면 사람마다 선호하는 투자방식이 다르기 때문이다. 공격적인 투자자는 위험을 감수하더라도 높은 수익률을 기대할 수 있는 A상품을 선택하기도 한다. 투자의 위험은 원금 손실의 유무가 아닌 평균수익률 값에서 어느 정도로 움직이느냐를 보는 것이다. 즉, 변동성을 의미한다. 당연히 평균에서 플러스, 마이너스 10%로 움직이는 것보다 5% 폭으로 움직이는 것이 상대적으로 위험이 적다.

앞에서 저축은 무위험 수익률에 투자하는 자산증식 방법이라고 정의했는데, 여기서 무위험은 원금 손실 위험이 없다는 의미가 아닌 변동성의 위험이 없다로 이해해야 한다. 3%의 확정금리로 저축을 하면 수익이 3%보다 더 많게도 적게도 나지 않는다.

그렇다면 투자는 무엇일까? 투자는 어느 정도 변동성 위험을 감수하더라도 추가 수익을 기대하는 것이다. 과거 금리가 높았던 시절에는 저축만으로도 충분히 자산증식이 가능했지만 저금리 시대에는 저축의 수익률이 물가상승률을 따라가지 못하기 때문에 자산의 가치 보전이 어려워졌다. 그래서 어느 정도 변동성 위험을 감수하더라도 최소한 물가상승률 이상의 수익을 달성하기 위해 탄생한 것이 투자다.

투자는 높은 수익만을 기대하는 자산관리 방식은 아니다. 물가상승률 이상의 추가 수익을 통해 보유한 자산의 가치 보전에 초점을 두고 있다. 물가상승률이나 은행 금리보다 월등하게 높은 수익을 기대한다면 그것은 '투자'가 아닌 '투기'로 볼 수 있다. 투자와 투기의 차이점은 변동성 위험을 감수할 수 있느냐 없느냐에 있다. 변동성 위험의 크기가 내가 감당할 정도라면 투자이지만 내가 감당할 수 없는 범위라면 투기가 된다.

투자와 투기의 개념을 쉽게 이야기하고 합리적으로 고객에게 설득하기 위해서는 다음과 같은 예화를 활용하면 도움이 된다.

가위바위보 게임을 해보자. 투자원금 100원을 걸고 가위바위보를 해서 내가 지면 투자한 원금의 두 배를 주고 내가 이기면 여러분이 투자한 원금 100원을 갖는다고 하면 당신은 어떻게 하겠는가? 당연히 게임에 참여한다. 왜냐하면 이기면 두 배의 수익이 생기고, 져도 원금인 100원만 잃게 되기 때문이다. 한편, 게임의 규칙은 동일한데 투자금액만 바꿔보자. 투자금액이 100원이 아닌 10억 원이라면 나와 가위바위보 게임을 하겠는가? 안 할 가능성이 높다. 왜냐하면 질경우 원금 10억 원이 날아가 버리기 때문이다. 손실의 위험이 100원이면 내가 감당할 수 있는 범위에 있지만, 10억 원은 감당할 수 있는 위험의 범위를 초과해버린다. 이렇게 되면 투기라고 할 수 있다. 게임으로는 극명하게 투자와 투기를 구분할 수 있지만 현실의 자산관리에서는 투자와 투기를 구분하기 매우 어렵다. 특히 투자 당사자는 절대 투기라고 인정하지 않을 것이다. 합리적인 자산관리를 안내하는 FC는 이러한 예화를 통해 고객이 적절한 수익률의 눈높이를 가질 수 있도록 적극적으로 설득해야 한다.

투자의 위험을 이야기할 때 변동성 위험과 함께 존재하는 위험이 바로 민감성 위험이다. 변동성 위험이 표준편차로 표현된다면 민감성 위험은 베타계수로 표현된다. 민감성 위험은 개별종목이나 포트폴리오 내 종목이 시장 전체의 움직임과 비교했을 때 얼마나 민감하게 반응하는가를 나타내는 지수이다. 시장과 개별종목이 같이 움직인다면 베타는 1, 시장보다 개별종목이 민감하게 움직인다면 베타는 1보다 크다. 무위험 자산은 베타가 0이다. 베타가 높은 종목은 상승장일 때 주가가 크게 오르고, 하락장일 때 더 크게 하락한다. 그렇기 때문에 자산관리 시 베타계수를 고려한 신중한 종목 선정이 필요하다.

Q5

투자에 따른 위험을 합리적으로 헤지하도록 어떻게 설득할까?

컨설팅 포인트

❶ "투자에 있어 위험을 합리적으로 줄여가기 위해서는 변동성 위험과 민감성 위험을 줄여나가야 합니다."

❷ "변동성 위험을 줄일 수 있는 방법은 시간에 투자하고 분할해서 매수하는 것입니다."

❸ "민감성 위험을 줄이기 위해서는 상관관계가 낮은 자산으로 분산투자 하는 것입니다."

투자에 있어 위험을 합리적으로 해결할 수 있는 방법은 어떤 것들이 있을까? 지금부터 합리적 위험관리(Risk Hedge) 방법에 대해 알아보겠다.

투자의 위험을 합리적으로 관리할 수 있는 방법을 투자의 위험별로 살펴보면 첫 번째, 변동성 위험은 투자 기간을 늘림으로써 줄일 수 있다. 시간을 길게 가져갈수록 예측 가능성은 높아지기 때문이다. 그리고 일시에 투자하는 것보다 매월 일정 금액을 나누어서 구매하게 되면 평균 매입단가가 하락하는 금액평균 효과(Cost Average

Effect)에 의해 위험을 줄일 수 있다. 두 번째, 민감성 위험은 상호 연관성이 낮은, 즉 상관계수가 낮은 자산들로 포트폴리오를 구성하면 위험을 줄일 수 있다. 개인이 상관계수를 감안하여 포트폴리오를 구성하는 것은 매우 어려운 일이다. 그래서 위험분산이 고려되어 있는 간접투자를 실행하는 것이 바람직하다. 구체적으로 하나씩 살펴보자.

◎ 시간에 투자하라

변동성 위험을 줄이기 위해 첫 번째로 해야 할 일은 바로 시간에 투자하는 것이다. 시간에 투자하면 투자 위험도 줄일 수 있고, 장기투자로 인한 복리 효과까지 기대할 수 있다. 자산관리에 있어 내가 선택할 수 있는 유일한 영역은 시간뿐이다. 보험은 장기 포트폴리오에 적합한 상품이기 때문에 고객과 상담 시에는 가장 먼저 장기투자의 관점으로 설득해야 한다. 이 책에서는 장기투자를 설득할 수 있는 다양한 화법과 예화를 제시하고 있다. 현명한 FC라면 복리공식을 통한 시간투자의 중요성, 종이접기 예를 통한 장기투자 유도, 워런 버핏의 스노 볼, 80:20 법칙의 활용, -50 = +100법칙을 통한 위험관리의 중요성 등을 적극 활용하면서 설득해야 한다.

◉ 나누어서 구매하라

변동성의 위험을 줄일 수 있는 두 번째 방법은 나누어서 구매하는 것이다. 처음 투자시점의 가격과 환매시점의 가격이 매우 중요한데 일시에 투자하면 현재의 투자시점이 적정한지 아닌지를 판단하기가 매우 어려워진다. 투자의 기본은 싸게 사서 비싸게 파는 것이지만, 어느 시점이 싼지, 어느 시점이 비싼지를 판단하는 일은 거의 불가능에 가까운 신(神)의 영역이다.

시장을 예측하여 투자를 하다 보면 예기치 않은 투자 손실을 볼수 있고, 회복하려고 더 많은 시간과 자본을 투자해야 하는 경우가 생긴다. 시장을 예측하지 말고 매월 일정 금액을 투자하는 것이 현명하다. 다음의 사례를 살펴보면 나누어서 구매하는 것이 얼마나 합리적인지 알 수 있다.

첫째, (최악의 투자) 매월마다 항상 고점에서 펀드를 매수하는 경우

둘째, (최선의 투자) 매월마다 항상 저점에서 펀드를 매수하는 경우

셋째, (일반적 투자) 매월 임의의 일정 일에 펀드를 매수하는 경우

위의 세 가지 경우를 실제 과거 주가 움직임으로 시뮬레이션을 한 결과, 고점 매수는 1년 평균 수익률이 12.9%, 저점 매수는 1년 평균

수익률이 15%, 일정 일에 매수한 경우는 1년 평균 수익률이 13.6%로 저점 매수 대비 수익률은 큰 차이가 없다. 그런데 매월 저점에서 매수하기는 현실에서는 불가능한 일이다. 결국 적립식 투자의 길일(吉日)은 없다고 생각하면 된다. 적립식 투자자에게 투자 타이밍은 중요하지 않다. 평균 매입단가를 낮춰 투자의 위험을 줄일 수 있는 분할매수를 하면 시장을 예측하지 못해도 일정한 수익을 기대할 수 있으므로 합리적이고 현명한 투자가 가능해진다.

◉ 자산을 분산하라

세 번째, 자산을 분산하여 민감성 위험을 줄이는 투자방법이다. 분산투자는 크게 다음 네 가지 형태로 실시해야 한다.

- 자산의 분산
- 통화의 분산
- 지역의 분산
- 시간의 분산
- 명의의 분산

분산투자는 단순히 자산만의 분산이 아니라 용도별, 위험도별. 기간별, 명의별로 제대로 분산되어 있는지를 꼼꼼하게 살펴보아야 한다. 일반적으로는 분산투자의 적정성을 평가할 때 자산별 분산의 정도만 평가한다. 하지만 앞으로는 용도별로 분석하여 은퇴와 보장자산으로 잘 분산되어 있는지, 기간별로 단기 자산에만 집중되어 시간에 투자하지 못하고 있지는 않은지, 특히 자산가에게는 자산의 명의가 한 사람에게 집중되어 세금을 많이 부담하고 있지 않은지, 자산 승계 시에 문제가 없는지를 분석한다면 고객과 더 많은 공감대를 형성하고 전문성을 인정받을 수 있다.

용도별	투자자산	은퇴자산
	유동자산	보장자산
위험도별	고위험자산	중위험자산
	저위험자산	무위험자산
자산별	주식	부동산
	채권	현금
기간별	단기자산	중단기자산
	중기자산	장기자산
명의별	본인 명의	배우자 명의
	자녀 명의	손자, 손녀 명의

Q6

복리를 활용한 장기투자로
유도하려면?

컨설팅 포인트

❶ "자산을 키우기 위해서는 복리 투자 방법으로 자산을 관리해야 합니다."

❷ "복리 공식에 의하면 유일하게 선택할 수 있는 것은 '시간' 뿐입니다."

❸ "복리 효과를 누리기 위해서는 일정한 투자기간(티핑 포인트)을 넘기는
장기투자가 필수입니다."

미국은 건국 초기 이민자의 정착을 위해 당시 거주하고 있던 인디언과 협상해서 24달러어치의 장신구와 구슬로 뉴욕의 맨해튼 섬을 샀다. 미국 월가의 영웅으로 불리는 펀드매니저 피터 린치는 맨해튼 섬의 시가는 1999년 기준으로 1,000억 달러에 못 미치지만, 당시 인디언에게 지불한 24달러를 연 8% 채권에 복리로 투자했다면 현재 30조 달러를 넘어선다고 비유한 적이 있다.

유대인 대부호 바론 로스차일드는 '나는 세계 7대 불가사의가 무엇인지 몰라도, 8번째 불가사의는 안다. 그것은 바로 복리이다'라고 이야기했고, 워런 버핏은 복리 법칙으로 매년 25%가량의 평균수익률을 달성해 세계 2위의 부자가 되었다.

지금도 많은 전문가들이 복리에 의한 투자를 강조한다. FC는 복리의 효과를 어떻게 고객과 커뮤니케이션해야 할까?

대표적으로 72법칙을 활용하는 것이다. 72법칙은 원금이 2배가되는 기간을 계산하는 방법이다. 1,000만 원을 투자하고 10%의 수익률로 운용한다면 투자원금의 두 배인 2,000만 원이 되는 데는 7.2년(72÷10)이 걸린다. 이것은 여러 형태로 응용할 수 있다. 일정한 목적자금의 규모와 수익률이 정해져 있다면 투자 기간을 계산할 수 있으며, 목적자금을 달성하기 위해 필요한 수익률 또한 쉽게 계산할 수 있다. 72법칙을 활용하지 않더라도 재무계산기나 스마트폰의 재무계산기 앱을 활용해도 쉽게 계산할 수 있다. 여기서 중요한 것은 계산이 아니라 복리 효과를 누릴 수 있는 자산관리로 전환하도록 설득하는 일이다.

고객을 설득하는 포인트는 다음과 같다.

- 투자를 해야 한다: 부자가 되는 시간을 줄일 수 있다.
- 재투자를 해야 한다: 복리 효과를 누리기 위해서는 이자를 인출해 써버리면 안 된다. 이자나 수익금을 재투자해야 돈이 불어나는 속도가 빨라진다.
- 하루라도 일찍 시작해야 한다: 돈 없는 사람에게 유일한 자산은 시간이다.
- 오래 투자해야 한다: 장기투자로 단기간의 가격변동 위험을 피해

야 한다.

- 목표설정과 점검이 중요하다: 몇 년 후 구체적으로 무엇을 할지, 얼마의 자금이 필요한지, 어느 정도의 투자수익률을 기대할 수 있는지를 명확히 해야 한다.

◎ 복리 공식을 통해 시간의 중요성을 설득하라

자산가들은 과거의 자산관리 방식을 계속 유지하려는 경향이 매우 강하다. 특히 부동산 투자를 통해 자산을 많이 보유한 경우는 자산관리의 유일한 대안은 부동산뿐이라면서 부동산에만 투자하는 경향이 있다. 자산관리를 단기로 운용한 경험이 많은 경우는 쉽게 자신의 방식을 바꾸지 않으려 한다. 설득하기 쉽지 않다. 그래서 내가 컨설팅 과정에서 활용한 방법을 소개하고자 한다. 우선 복리 공식을 보자.

복리의 공식은 $P = a(1+r)^n$이다.
P는 원리금을 의미하고, a는 투자원금, r은 수익률, n은 투자 기간이다.

부자는 바로 P의 규모가 큰 사람이다. P를 키우려면 우선 투자원금인 a의 규모가 커야 한다. 흔히 우리가 알고 있는 종잣돈(Seed Money)의 크기가 커야 한다는 의미다. 1억 원이 굴러가는 것과 10억 원이 굴러가는 것은 차원이 다르다. 다음으로는 r, 수익률이다. 같은 규모의 종잣돈이라면 수익률이 높을 경우, 자산의 규모도 커진다. 마지막으로 n, 기간이다. 투자하는 기간, 시간을 의미한다. 이러한 요소들 중 투자자가 선택할 수 있는 것은 무엇일까? 시간뿐이다.

투자원금은 내가 원하는 대로 그 크기를 정할 수 있는 것이 아니다. 수익률도 마찬가지다. 나만 특별하게 더 많은 수익률을 약속받을 수는 없다. 투자기간, 즉 시간만이 내가 선택할 수 있는 유일한 요소다.

성공하는 사람은 자신이 통제할 수 있는 영역에 집중하는 사람이라고 한다. 자신이 통제할 수 없는 영역에 연연하거나 매달려 있어 봐야 해결할 수 있는 문제는 없다. 오히려 자신이 통제 가능한 영역에 집중하는 것이 현명하며, 그래야 문제를 해결할 수 있다. 자산관리도 마찬가지다. 유일하게 내가 선택할 수 있는 요소가 시간이라면 그 시간에 집중하여 시간의 선물을 마음껏 만끽할 필요가 있다. 복리 공식을 보면 다른 요소들은 단순한 곱하기지만 시간(기간)은 승(承)으로 계산된다. 만약 10년을 투자한다면 곱하기 10이 아니라 10승으로 증가한다. 이것이 바로 복리 효과다. 복리 효과를 제대로 누리기 위해서는 일정한 시간 동안 투자하는 것이 좋다. 간단한 종이접기를 통해서 그 효과를 확인해볼 수 있다.

● 종이접기를 통해 장기투자를 설득하라

두께 1mm의 종이 한 장을 절반씩 계속 접어 열 번을 접으면 그 두께는 무려 51cm가 된다. 반면 한 장으로 접지 않고 매번 새로운 종이로 열 번 접으면 2mm 종이 10장을 모아도 두께가 2cm밖에 되지 않는다. 똑같이 두께 1mm 종이를 열 번 접는다 해도 접는 방식이 다르면 두께는 큰 차이를 보인다. 한 장의 종이를 계속 접어나가는 방식이 복리 방식이고, 매번 새로운 종이로 접는 방식이 단리라고 할 수 있다. 단리보다 복리가 좋다는 것은 누구나 알고 있다. 하지만 실제 투자는 단리 방식으로 투자하고 있는 경우가 많다.

그렇다면 복리의 효과를 누리기 위해서는 왜 일정한 시간이 필요한지 종이접기 방식을 통해 비교해보자. 우선 종이 한 번 접는 것을 투자기간 1년으로 가정해 복리와 단리를 비교해보자. 종이를 한 번 접었을 경우, 즉 투자 기간 1년 시점의 복리와 단리의 종이접기에 의한 두께는 2mm로 동일하다. 연 단위 복리투자라면 1년 시점에서는 단리와 차이가 없다. 투자시점을 2년으로 해보자. 한 종이를 두 번 접은 복리의 두께는 4mm이고, 새로운 종이를 접은 2mm 종이를 합친 단리의 두께 또한 4mm로 동일하다.

실제로는 복리가 조금 더 많겠지만, 1년에 발생하는 수익 자체가 워낙 적기 때문에 이것을 재투자한다 해도 그 차이는 미미하다. 3년 시점은 어떨까? 한 종이를 세 번 접으면 8mm가 되고, 새로운 종이를 접을 경우 2mm 종이 세 장을 모으면 두께는 6mm가 된다. 많은 사람들이 3년을 긴 투자기간이라고 생각한다. 하지만 3년이 지나도 복리와 단리의 차이는 불과 2mm밖에 나지 않는다.

4년이면 어떨까? 한 종이를 네 번 접으면 두께가 16mm이며, 새로운 종이를 네 번 접으면 2mm 종이 네 장을 모은 두께인 8mm가 된다. 3년 시점까지는 복리와 단리의 차이가 불과 2mm인 것이 투자기간 1년이 더 지나자, 두 배의 격차가 생겼다.

5년은 어떨까? 한 종이를 다섯 번 접으면 32mm의 두께가 되지만 새로운 종이를 다섯 번 접으면 두께가 10mm이다. 이제는 3배 이상 차이가 난다. 시간이 지날수록 이 차이는 더 벌어진다. 복리 효과를 통해 자산을 증가시키려면 단기간으로는 불가능하며, 일정한 시간 이상을 투자해야 진정한 효과를 누릴 수 있다.

복리와 단리의 차이가 급격하게 발생되는 시점을 '티핑 포인트 (Tipping Point)'라고 하는데, 티핑 포인트 시점보다 더 많은 시간에 투자해야 한다는 것이 복리 효과의 요지다.

그렇다고 해서 모든 자금을 복리 효과를 누리기 위해 장기간으로 투자해야 한다는 이야기는 아니다. 자산을 무조건 한 보따리에 담아 수익률이 높은 쪽으로만 옮겨 다니지 말고, 투자기간별로 단기, 중기, 장기로 나눈 후 장기 목적 자금은 복리 효과를 누리기 위한 시간에 투자해야 한다는 말이다.

이러한 과정을 통해 시간에 투자하는 방식의 이점을 설득했다면 비과세 포트폴리오를 통해 금융소득종합과세를 합리적으로 회피할 수 있는 방법을 실행할 수 있도록 컨설팅을 진행해야 한다.

Q7

80 : 20 법칙을 설명하고,
시간 투자를 적극 권하려면?

컨설팅 포인트

❶ "전체 수익의 80%는 전체 투자기간의 20%에서 만들어집니다."

❷ "그렇기 때문에 반드시 우량자산에 투자해야 합니다."

❸ "시장을 예측하지 말고 장기투자해야 합니다. 가격이 오르는 짧은 기간
을 예측하기 어렵다면 그 시기를 포함하도록 장기투자하는 것이 바람직
합니다."

이탈리아 경제학자 빌프레도 파레토는 소득분포의 불평등에 관한
연구를 하다가 이탈리아 토지의 80%를 20%의 국민이 소유하고 있
다는 사실을 발견했다. 자신의 텃밭에서 완두콩의 80%가 20%의 줄
기에서 나온다는 사실을 사회현상에 접목해 발견한 법칙이다. 이 법
칙은 어떤 결과의 대부분이 특정한 소량의 투입(원인)에 달려 있다
는 것으로, 어떤 일을 할 때 선택과 집중을 전술로 사용하면 큰 도움
이 된다는 의미를 지니고 있다. 이것이 바로 80 : 20의 법칙 또는 파
레토의 법칙이다. 이것을 자산관리와 연계하면 다음과 같다.

- 80%의 이익은 20%의 종목에서 나온다. 투자는 예측력이 아닌 대응력에서 판가름 난다.
- 80%의 손실은 20%의 종목에서 발생한다. 손절매의 중요성을 강조하는 말이다.
- 80%의 상승은 20%의 기간에 이루어진다. 20%라는 단기간에 80% 상승한다는 의미이다. 엘리어트 파동 이론 중 제3파동은 전체 파동의 20~30%의 기간에 달성되며, 전체 파동의 70~80% 상승에 달한다는 점에서도 실증이 가능하다.

엘리어트 파동 이론

엘리어트는 1939년 '주가는 상승 5파와 하락 3파에 의해 끝없이 순환한다'는 가격순환법칙을 주장한다. 법칙의 요점은 주가는 연속적인 파동에 의해 상승하고 다시 하락함으로써 상승 5파와 하락 3파의 여덟 개 파동으로 구성된 하나의 사이클을 형성하며, 이후에는 새로운 상승 5파와 하락 3파에 의해 또 다른 사이클을 형성한다는 것. 큰 사이클인 주 순환파(primary cycle)를 완성하기까지는 보통 3년 정도 걸린다. 상승 5파의 1번, 3번, 5번은 상승파동으로 충격 파동(impulse wave)이라 불리며, 2번과 4번은 하락 파동으로 조정 파동(corrective wave)이다. 충격 파동이라 불리는 이유는 1번, 3번, 5번 파동이 주가의 진행방향과 같은 방향으로 움직이기 때문이고 조정 파동은 주가의 진행 방향과 반대 방향으로 움직이기 때문이다. 하락 3파는 1번에서 5번까지의 상승 국면이 끝나면 하락 국면이 시작되는데, 하락 파동은 다시 세 개의 파동으로 나뉘며 이 파동들은 각각 A, B, C의 파동으로 불린다.

여기서 가장 중요한 점은 80%의 상승은 20%의 기간 안에서 이루어진다는 사실이다. 예를 들어, 10년을 투자해서 1억 원의 수익을 달성했다면 1억 원의 80%인 8천만 원은 전체 투자기간 10년 중 2년에 달성한다는 의미이다. 그런데 이 전체 수익의 80%를 만들어낸 2년이 일정 기간에 연속해서 만들어지는 것은 아니다. 투자가 끝난 후 수익이 난 기간을 합산했을 때 전체 투자기간의 20%에 해당한다는 의미이다.

투자는 수익이 확정되어 있지 않다. 늘 변동성의 위험이 있기 때문에 투자의 위험을 적극적으로 관리해야 하는데, 시장을 예측하여 투자하는 것은 매우 위험한 자산관리 방법이다. 가장 현명한 방법은 투자기간을 장기로 설정해서 변동성의 위험을 줄이면서 안정적으로 80%의 수익을 기대하는 것이다. 이것은 고객을 장기투자로 유도할 수 있는 근거가 될 수 있다. 고객에게 적극적으로 설득해야 할 포인트는 다음과 같다.

- 반드시 우량자산에 투자하라
- 시장을 예측하지 말고 장기투자하라: 시장을 예측하여 돈 벌 시기를 노리는 투자자를 마켓 타이머(Market Timer)라고 부른다. 이들도 시장예측은 신의 영역이라고 단언하고 있다.

상장폐지의 위험이 있는 개별종목에 투자하지 말고 100년, 200년 동안 살아남을 가능성이 높은 우량종목에 투자해야 한다. 가격이 오르는 짧은 기간을 예측하기 어렵다면 그 시기를 포함하도록 장기투자하는 것이 바람직하다.

Q8

위험관리의 필요성을
설득하려면?

❶ "원금 손실이 발생하면 다시 회복하는 데 더 많은 시간과 경비가 소요됩니다."

❷ "합리적인 자산관리는 수익을 쫓아가는 것이 아니라 위험을 관리하는 것입니다. 합리적으로 위험을 관리하면 수익은 자연스럽게 따라옵니다."

❸ "레버리지는 양날의 칼과 같습니다. 레버리지를 활용할 때는 이러한 위험성을 반드시 고려해야 합니다."

❹ "정액으로 분할하여 투자하면 평균 매입단가를 하락시켜 투자 위험을 합리적으로 줄일 수 있습니다."

◎ '-50 = +100' 법칙을 활용해 위험관리의 필요성을 설득하라

자산관리 시 위험관리의 필요성을 강조할 때 활용하는 것이 바로 -50＝+100의 개념이다. 이것은 마크티어(워런 버핏과 조지 소로스의 투자법을 연구하다가 실전에 옮겨 큰돈을 벌어들임)의 이론으로 50%의 손실을 입으면 원금으로 회복하기 위해서는 그 두 배인 100%의 상승이 필요하다는 이론이다. 예를 들어, 1억 원을 투자한 뒤 50%인 5천만 원의 손실을 봤다면 다시 원금인 1억 원이 되기 위해서는

100%의 수익률을 올려야 한다. 원금을 잃는 것은 쉽지만 다시 회복하기 위해서는 두 배의 에너지와 비용이 소요된다. 이는 자산관리에서 원금을 잃지 않기 위해 적극적인 위험관리가 반드시 필요하다는 점을 증명하고 있다. 워런 버핏이 제안한 일반인들이 지켜야 할 자산관리의 원칙인 첫째, '돈을 잃지 마라', 둘째, '첫째 원칙을 잊지 마라'라는 격언과 일맥상통한다.

그렇다면 왜 투자자들은 손절매를 잘 하지 못할까? 우선은 손실공포본능 때문이라고 한다. 원시시대 사람들은 하루 사냥하여 하루 먹고 살았다. 생존 자체가 모험이고 창, 돌도끼 등 무기를 잃어버리는 것은 목숨을 잃는 것과 같았다. 그 시대는 사냥감을 여러 마리 잡는 것보다 잡은 한 마리를 잃지 않는 것이 생존에 더 유리했다. 대부분의 투자자는 원시인처럼 원금에 집착해 손실이 나도 포기하지 못하고, 반대로 조금만 수익이 나면 당장 눈앞의 이익을 확보하려는 마음 때문에 더 큰 이익을 거두지 못한다.

다음으로는 기분 효과(재무경제학자인 허쉬 세프린과 메이어 스태드먼) 때문이라고 한다. 사람은 후회를 회피하고, 자부심을 추구하는 성향이 있는데, 이것이 투자에도 영향을 미친다. 현금이 필요하여 A 또는 B주식을 팔려고 한다. A는 20% 수익이 났고, B는 20% 손실이 났다면 여러분은 어떤 종목을 팔 것인가? 대부분 A를 판다. A종목을 팔아 이익을 실현하면 자부심을 느낀다. 반면 B종목을 파는 것은 자신의 판단이 틀렸음을 인정하는 것이므로 후회의 고통을 느껴야 한다. 대다수의 투자자는 높은 수익을 가져다준 종목을 일찍 팔고, 낮은 수익을 내는 종목을 보유한다.

투자를 실행할 때 그림자처럼 동반되는 것이 위험이다. 이러한 위험을 완전히 없앨 수는 없다. 하지만 줄여나갈 수는 있다. 워런 버핏은 "수익률을 쫓아가지 말고 위험을 적극 관리하라, 그러면 수익은 자연스럽게 선물로 주어질 것이다."라고 강조했다. 고객의 소중한 자산을 합리적으로 잘 관리하기 위해서는 최우선으로 위험관리를 해야 함을 적극 설득해야 한다.

◎ '100 - 나이' 법칙을 활용해 위험자산의 비중조절을 설득하라

위험자산의 비중을 파악할 수 있는 방법으로 '100 - 나이' 법칙이 있다. 이 원칙은 낸시 펄이라는 미국 시애틀의 공공도서관 사서의 '1년에 한 권의 책을 읽자'라는 캠페인에서 유래했다. 책을 고르는 데 걸리는 시간을 절약하는 방법은 나이가 50이면 100 - 50, 즉 50페이지를 읽고 판단하라는 말이다. 나이가 많을수록 적게 읽고 판단할 수 있다는 것으로 책 읽기를 권장하기 위해 시작한 개념이 확대되어 자산관리에도 적용되어 활용하고 있다. 책 읽기와 동일하게 나이가 들수록 공격적 자산은 줄이고 안정적 자산의 비중은 높여야 한다. 젊은 나이일수록 위험에 대한 충격이 덜하고, 고 연령층에 비해 오랫동안 투자할 수 있어 기간에 따른 가격변동 위험을 회피할 수 있기 때문이다.

우리나라는 다른 선진국에 비해 부동산 자산의 비중이 높은 편이다. 물론 과거에 비해서는 많이 줄었지만 자산가 그룹의 부동산 자산 비중은 일반인에 비해 월등히 높다. 부동산은 환금성과 유동성이 낮기 때문에 금융자산으로 이전하도록 적극 설득할 필요가 있다.

◎ 합리적 레버리지 활용방법에 대해 설득하라

레버리지 효과는 본래 기업에서 사용하던 개념으로 재무설계(Financial Planning) 바람이 불면서 개인 재무설계에 적용하게 되었다. 부동산을 구입할 때 자기자본으로만 구입하는 경우는 매우 드물다. 대부분 은행 대출을 받는다. 이럴 경우 발생하는 개념이 바로 레버리지 효과다. 레버리지 효과는 타인자본을 통한 자기자본의 수익률을 높이는 것을 의미한다. 좀 더 쉽게 예를 들어 살펴보자. 10억 원의 부동산을 구입하면서 은행에서 6억 원을 4% 금리로 대출받았다고 가정해보자. 이 경우 실제 투자한 금액은 4억 원이다. 만약 이 부동산이 15억 원이 되었다면 전체 가치상승은 150%이지만 자기자본 수익률, 즉 대출을 제외한 순수한 투자금액을 기준으로 수익률을 계산해보면 375%가 된다. 여기에는 대출에 따른 경비를 계산하지 않았다. 과거처럼 부동산 전매가 활발하던 시절에는 대출을 활용할 수만 있다면 자기자본 수익률을 극대화할 수 있었다. 이러한 레버리지 효과 때문에 부동산 투자가 과열되었고 부자가 되기 위한 유일한 자산관리 방법으로 부동산 투자가 자리 잡게 되었다. 이를 두고 부동산 투자자와 주식 투자자가 설전을 벌였는데, 주식 투자자는 강남 아파트가 아무리 올라도 주식투자 수익률만 못하다고 하고, 부동산 투자자는 자기 돈만으로 부동산을 구입하는 사람은 없기에 아파트 가격이 10%만 올라도 레버리지 효과를 감안하면 자기자본 이익률이 극대화된다고 말한다. 하지만 레버리지 효과는 양날의 칼과 같아서 부동산의 가치가 상승하지 않고 하락하거나 유지된다면 대출비용에 대한 부담으로 자기자본 수익률은 크게 하락하게 된다. 이 때문에 레버리지를 활용한 자산관리의 위험성을 고객에게 적극 설득해야 한다. 부동산 투자와 레버리지 효과를 정리해보면 다음과 같다.

정의 레버리지 ☞ 자기자본 투자자 수익 증대	
종합 환원율 > 대출 환원율	자기자본 환원율 > 종합 환원율
중립적 레버리지 ☞ 동일	
종합 환원율 = 대출 환원율	자기자본 환원율 = 종합 환원율
부의 레버리지 ☞ 자기자본 투자자 수익 감소	
종합 환원율 < 대출 환원율	자기자본 환원율 < 종합 환원율

● 분할투자의 매력을 설득하라

목돈을 가지고 금융상품에 투자하려면 다양한 고민이 생긴다. '얼마를 투자해야 할까?' '투자기간은 어느 정도로 해야 할까?' '지금이 투자의 적기인가?' '적정한 수익률을 달성할 수 있을까?' 등이다. 이런 경우 가장 손쉬우면서 합리적인 투자 방법이 분할투자다. 정액으로 분할해서 투자하면 다음과 같은 이점이 있다.

- 일정 금액을 일정 기간에 투자하면 되므로 매우 쉽다.
- 소액으로 시작할 수 있다.
- 잘못된 시기에 투자자금 전부를 일시에 투자하지 않도록 도와준다.
- 주가나 금리가 저평가될 때 더 투자하게 하며, 고평가되면 적게 투자하게 된다.
- 폭락장에서도 애초의 투자계획을 지속하도록 하는 근거를 제공해준다.

그렇다고 정액분할투자가 만능은 아니다. 다음과 같은 단점도 있다.

- 투자손실을 방지하는 데 결정적인 방법이 아니다.
- 자산배분전략에 의한 위험자산 투자비중이 잘못되면 실패 가능성이 있다.

정액분할투자 기법은 워런 버핏의 스승인 벤저민 그레이엄이 일반 투자자에게 권유한 투자기법으로, 그가 이야기한 몇 가지 유의해야 할 사항은 다음과 같다.

- 상대적으로 안전하지만 손실가능성이 완전히 없어지는 것은 아니다.
- 적립식 펀드는 팔 때가 더 중요하다(환매 시 평균 매입단가보다 주가가 높아야 수익이 생긴다).
- 사는 것보다 파는 것이 더 중요하다.
- 언제 환매할까?
  - 목표수익률에 도달하면 환매를 고려하라.
  - 투자기간을 장기로 생각했어도 목표수익률에 도달하면 환매를 고려하라.
  - 환매 가능 시기를 넉넉히 잡는다. 투자기간이 3년이라면 그 기간 전후 언제라도 환매가 가능하도록 환매시점을 여유 있게 설정하는 방법이다. 그러려면 당연히 투자목적이 여유자금이어야 한다. 그리고 투자기간의 3분의 1 정도 남긴 시점에서는 환매를 고려하는 것이 좋다.
- 환매시점이 다가오면 투자 비중을 줄인다. 투자기간별로 투자 비중을 달리하는 방법이다.

상담 초기 새로운 세금설계 필요성을 어떻게 강조할까?

❶ "자산가에 있어 세금은 호랑이보다 더 무서운 존재입니다."

❷ "변화하는 조세정책에 맞는 새로운 세금설계가 반드시 필요합니다."

❸ "보험을 활용해 자산보유에 따른 세금과 자산이전에 따른 세금 문제를 해결해야 합니다."

◉ '가정맹어호'를 활용하여 설득하라

조세정책은 소득신고금액의 투명성을 제고하고 탈세, 탈루를 방지하여 세수를 확보하는 방향으로 가고 있다. 자산가들이 느끼는 세금 부담에 대한 재미있는 예화를 통해 자산보유에 따른 비과세 포트폴리오 구성의 중요성을 설득할 수 있어야 한다.

이 설득 방법은 내가 현장에서 실제 사용하고 있는 화법이다. 나는 현재 세금에 대한 강한 압박 트렌드를 강조하고 공감대를 형성하기 위해 옛 고사성어 '가정맹어호(苛政猛於虎)'를 자주 인용한다. 내용은 다음과 같다.

옛날 한 나그네가 깊은 산을 지나다가 세 무덤 앞에 앉아 슬피 울고 있는 한 여인을 만났다. 나그네가 사연을 물어보니 그 여인은 "이 깊은 산속에는 무서운 호랑이가 살고 있는데, 그 호랑이에게 시아버지, 남편이 희생됐고, 최근에는 아들까지 잃었습니다."라고 했다. 이야기를 들은 나그네는 "그런데 왜 호랑이를 피해 마을로 내려가지 않고 아직 여기에서 살고 있습니까?"라고 물었다. 여인은 "산속에 살면 언제 호랑이에게 잡혀 먹힐까 불안해하며 살겠지만, 마을로 내려가면 호랑이보다 더 무서운 정치가 있어 그냥 여기에서 살렵니다."라고 했다고 한다.

옛날에는 정치가 주로 세금에 집중되어 있었기 때문에 '가정맹어호'는 '세금이 호랑이보다 더 무섭다'라는 의미로 인용하면 좋다. 현재의 세금 트렌드와 빗대 설명하면 자산가들과의 공감대 형성에 도움이 된다.

다음으로는 보험을 활용하여 자산가의 세금 부담을 덜어줄 수 있는 방법을 제시해주는 것이 중요하다. 세금은 크게 자산보유에 따른 세금과 자산이전으로 발생하는 세금으로 구분할 수 있다. 자산보유에 따른 대표적인 세금은 재산세 등 보유세와 소득세 등이 있는데, 보험을 통한 비과세 포트폴리오로 해결이 가능하다. 자산이전에 따른 세금 문제도 보험을 통한 상속세 재원 마련의 방법으로 해결이 가능하다.

Q10

합리적인 자산승계 전략은
어떻게 컨설팅할까?

❶ "우리나라에서 가장 비싼 세금이 바로 상속·증여세입니다. 최고세율이 50%인데 법인을 경영하고 있다면 최고 65%까지 세금으로 납부해야 합니다."

❷ "상속세를 납부하기 위해 연부연납, 물납, 부동산의 처분 등은 합리적인 방법이 될 수 없습니다."

❸ "상속세 납부 재원을 마련하는 가장 합리적인 방법은 종신보험을 활용하는 것입니다."

❹ "사망보험금이 상속재산에 포함되지 않기 위해서는 배우자나 자녀가 계약자, 수익자가 되어야 합니다."

❺ "자녀가 실제 보험료를 납부할 수 있도록 사전증여를 통해 납입 보험료에 대한 자금 출처를 소명할 수 있도록 준비해야 합니다."

◉ 상속세, 증여세 최고세율이 50%이며, 법인은 최고 65%임을 강조하라

우리나라에서 가장 비싼 세금은 상속세와 증여세이다. 2015년 국세청 통계연보에 의하면, 상속세를 낸 사람 중 30억 원 이상의 고액

상속을 받은 사람의 비율은 4.4%인데, 이들이 납부한 상속세는 전체 상속세의 63.6%를 차지했다. 이는 누진세율 때문에 생긴 현상이다. 상속세와 증여세는 다른 세금에 비해 금액이 크기 때문에 누진세율에 따른 부담은 상대적으로 높을 수밖에 없다.

기본적으로 상속세와 증여세는 과세표준액과 세율이 동일하다. 과세표준액 기준 1억 원 미만은 10%, 5억 원 미만은 20%, 10억 원 미만은 30%, 30억 원 미만은 40%, 30억 원 이상은 50%의 세율을 적용받는다. 하지만 과세하는 방식은 다르다. 상속세는 유산취득방식으로 피상속인의 모든 자산을 합산하여 상속시점에 평가한다. 심지어 10년 이전에 1차 상속인에게 사전증여한 자산은 상속 시 합산하여 과세하도록 되어 있다. 모든 자산을 합산하기 때문에 과세표준액이 증가하고 그에 따라 적용되는 세율도 높아져 세금에 대한 부담이 커진다. 이렇게 산출된 세금은 상속인이 연대해서 납부하도록 되어 있다.

한편, 증여세는 취득과세방식으로 수증자가 취득한 자산을 기준으로 세금이 부과된다. 상속세에 비해 낮은 과세표준액 구간에 해당되어 낮은 세율을 적용받기 때문에 사전증여가 상속세를 납부하는 것보다 유리하다.

어쨌든 상속세와 증여세는 둘 다 과세표준액이 30억 원이 넘으면 50%의 세율을 적용받는다. 소중한 자산을 사랑하는 가족에게 물려주는 대가로 50%의 세금을 납부해야 한다는 사실은 자산가들에게 매우 걱정스럽고 화가 날 수 있는 문제이다. 특히 법인을 경영하는 경우에는 최고세율이 50%가 아니라 65%까지 상승할 수 있다. 이는 '최대주주 할증평가제도' 때문이다. 이 제도는 대주주의 지분율이 50%를 초과하면 상속재산가액 및 증여재산가액의 30%를, 지분율이 50% 이하인 경우에는 20%를 할증한다. 중소기업이라면 각각 15%, 10%의 할증을 적용한다. 단, 중소기업은 2020년까지 유효한 최대주주 등 주식할증평가 적용특례에 따라 할증평가 규정을 적용받지 않는다(2020. 1. 1. 이후 상속이 개시되거나 증여받는 분부터는 일반기업은 20% 할증하며, 중소기업은 할증하지 않는다).

◉ 상속세, 증여세 납부 재원 마련의 문제점을 강조하라

우리나라의 세금납부 원칙은 현금으로, 일시불로 납부해야 한다. 만약 주어진 기일 내에(상속세는 6개월, 증여세는 3개월 이내) 신고 납부하지 않으면 매일 가산세가 더해진다. 하루에 납부해야 할 세금의 1만 분의 3이 가산된다. 상속세와 증여세는 다른 세금에 비해 금액이 크기 때문에 가산세가 매일 더해지면 엄청난 부담이 될 수 있다. 그래서 기일 내에 납부를 완료해야 한다. 사정이 이러함에도 우리나라의 자산 포트폴리오 구성은 평균 70% 정도가 부동산 자산이라 상속세를 납부할 만한 현금성 재원이 마련되어 있지 않은 경우가 대부분이다.

◎ 연부연납의 문제점을 강조하라

상속세를 납부할 현금이 당장 없다면 일정기간 나누어서 납부할 수도 있다. 이를 연부연납제도라고 한다. 연부연납은 세금을 연단위로 분할해서 납부하는 제도이다. 상속세나 증여세의 납부세액이 2,000만 원을 초과하는 경우에는 연부연납을 신청할 수 있다. 다만 납세의무자는 담보를 제공해야 한다.

연부연납 금액은 각 회분의 분할납부세액이 1,000만 원을 초과하도록 정해야 한다. 연부연납 기간은 통상 연부연납 허가일로부터 5년 범위 내에서 납세자가 신청한 기간에 따라 정해진다. 연부연납을 허가받은 경우에는 일정한 가산금을 납부해야 하며(일종의 할부이자이다) 연부연납 세액 중 한 번이라도 정해진 기한 내에 납부하지 않으면 연부연납이 취소될 수도 있어 주의가 필요하다.

◎ 물납의 문제점을 강조하라

현금이 없다면 부동산 등 물건으로 세금을 납부할 수 있다. 이를 물납제도라고 하는데, 이 경우 부동산자산 평가절하에 따른 불이익을 볼 수 있다. 예를 들어, 상속세가 30억 원이 나왔는데 현금 없이 30억 원짜리 토지를 상속받았다고 가정해보자. 이 경우 토지를 세금으로 대신 낼 수 있다. 하지만 토지에 대한 평가금액이 낮아 여전히 부족한 세금의 문제는 남게 된다. 세금은 자산별로 평가하여 과세하게 되는데, 기본 원칙은 시가를 기준으로 자산의 가치를 평가하게 되어 있다. 시가는 특수관계인이 아닌 제3자 사이에 거래한 금액을 말한다. 거래가 빈번하고 정형화되어 있는 경우는 시가 평가가 어렵지 않지만, 토지와 같이 거래가 빈번하지 않고 정형화되어 있지 않은 경우에는 보충적 가치평가 방법으로 평가하도록 되어 있다.

토지의 경우는 개별공시지가, 건물은 구조지수, 용도지수, 신축년도 등 다양한 요소를 감안하여 평가한 금액을 합산한 금액으로 평가한다. 수익형 부동산의 경우, 연간 임대료를 국세청고시이율 12%로 환원한 금액과 연간 임대보증금을 합산한 수익환원법에 의한 평가 금액 중 큰 금액으로 평가하도록 되어 있다. 개별공시지가는 일반적으로 시가 대비 지역에 따라 차이가 있지만 평균 60% 정도 수준이다. 거래 사례가 없는 토지의 경우, 시가가 아닌 개별공시지가로 평가 받게 되면 시가 대비 낮은 금액으로 평가되기 때문에 여전히 부족한 세금의 문제는 발생한다. 예를 들어 시가 30억 원 토지가 개별공지시가 60% 수준으로 평가되면 평가 금액이 18억 원이 되면서 12억 원의 세금이 부족한 상황이 된다. 그리고 아무 재산이나 물납을 할 수 있는 것은 아니다. 유가증권 중 비상장주식은 관리 및 처분이 어렵고 한 주당 주식가액을 얼마로 할 것인가에 대한 다툼이 많기 때문에 원칙적으로 물납재산에서 제외하되 비상장주식 이외에 다른 재산이 없는 경우에만 허용된다. 이외에도 해당 자산의 관리, 처분이 적당하지 않다고 판단되면 물납을 허가하지 않을 수도 있다. 그리고 세금을 납부할 수 있는 유동성이 있는 경우는 물납 자체가 허용되지 않는 것으로 세법이 개정되었다.

◉ 부동산 처분 후 세금 납부의 문제점을 강조하라

그렇다면 토지를 빨리 매각하여 그 매각 대금으로 세금을 납부하면 된다. 이 경우도 문제가 있다. 토지를 30억 원으로 매각하면 시가가 드러나게 되어 추가 상속세가 부과된다. 처음에는 개별공시지가인 18억 원으로 평가하여 세금이 산출되었지만 매각으로 인해 30억 원이라는 시가가 드러났기 때문에 시가와 개별공시지가의 차액인 12억 원에 대해 추가 상속세가 부과된다. 50% 세율 구간에 해당하면 12억 원의 50%인 6억 원이라는 세금이 더 발생한다. 상속세 납부에 대한 준비가 제대로 되어 있지 않으면 심각한 문제가 발생할 수 있음을 알 수 있다.

◉ 상속세 재원 마련의 가장 합리적 방법을 설득하라

그렇다면 상속세를 납부할 수 있는 재원을 마련하려면 어떤 방법이 좋을까? 이때 추천할 수 있는 방법이 종신보험 활용이다. 세금을 내기 위해 저축하거나 투자하는 사람은 없을 것이다. 고액의 상속세를 마련하기 위해 매달 저축할 수 있을까? 요즘 같은 불황과 저금리

시대에? 하지만 저렴한 보험료로 피상속인의 사망 시 상속세만큼 보험금을 수령할 수 있다면 이 문제는 해결할 수 있다. 여기서 우리는 보험관계자의 설정에 유의해야 한다.

사망보험금은 기본적으로 상속재산에 포함된다. 고액의 사망보험금이 상속재산에 합산되면 상속세가 더 발생한다. 이를 방지하기 위해 계약자와 수익자를 배우자나 자녀로 설정하고 피보험자를 피상속인으로 설정해야 한다. 그러면 사망보험금이 피상속인의 상속재산에 포함되지 않는다. 다만, 세법에서는 청약서에 계약자, 수익자를 배우자나 자녀로 설정했다고 하더라도 보험료를 누가 납부했느냐를 기준으로 계약자를 인정하기 때문에 배우자나 자녀가 보험료를 실제로 납부하고, 그 자금출처를 소명할 수 있어야 한다. 그렇지 않으면 보험금은 상속재산에 모두 합산된다. 자금출처 증명은 사전증여를 통해 사전에 현금흐름을 확보해주는 전략이 필요하다. 구체적인 사전증여 전략은 다음 질문 편에서 살펴보겠다.

상속세 재원 마련을 위한 종신보험 컨설팅은 단순히 상품으로 제안하면 안 된다. 우선 고객이 보유한 자산을 평가하고 현재 부담하고 있는 세금과 상속세를 산출한다. 다음으로 평균수명을 기준으로 현재의 자산을 미래 상속이 발생할 수 있는 시점의 가치로 재평가한다. 더불어 그 시점의 상속세를 산출해본다. 마지막으로 상속세를 줄일 수 있는 전략을 실행했을 때 절세 효과 총 금액이 얼마인지 수치로 제시하면 고객은 과감하게 실행에 옮길 수 있게 된다.

Q11

상속세와 증여세 절세 방법은
어디에 초점을 두고 설득할까?

컨설팅 포인트

❶ "사전증여를 통해 상속세를 줄이는 방법과 사전증여하지 않으면서 상속
세를 줄이는 두 가지 방법을 함께 활용해야 합니다."

❷ "자산별로 하지 말고 지분별로 사전증여해서 자산의 통제력과 안전성을
높이는 것이 좋습니다."

❸ "향후 가치가 상승할 수 있으며, 새로운 현금흐름을 만들어낼 수 있는 자
산을 사전증여해야 합니다."

❹ "건물지분과 토지지분을 구분하여 증여하는 전략을 활용해야 합니다."

상속세 절세를 위해서는 크게 두 가지 방법을 병행해야 한다. 첫
째, 사전증여를 통해 상속세를 줄이는 방법이다. 많은 자산가들이 알
고 있는 방법이지만 선뜻 실행에 옮기지는 못하고 있다. 이 경우는
사전증여 이후 자산의 안정성과 통제력을 제고할 수 있는 솔루션을
연계하여 실행하도록 도와야 한다. 구체적인 방법은 사전증여 전략
사례에서 소개하겠다.

둘째, 사전증여를 하지 않고 상속재산의 평가절하(정기금 평가 시
적용받는 할인율에 의한 상속재산의 평가축소)를 통해 세금을 줄이는 방

법이다. 정기금 평가를 통한 방법으로 사전증여가 아닌 보험을 통해 금융자산의 평가금액만 줄이는 방법이기 때문에 비교적 쉽게 실행할 수 있는 솔루션이다.

● 자산별로 하지 말고 지분별로 증여하라

사전증여 전략과 컨설팅 사례에 대해 알아보도록 하겠다. 과거에는 사전증여 시 자산별로 증여하는 경우가 많았다. 아파트는 큰아들, 시골 땅은 작은아들에게 증여하는 식이었다. 이렇게 하면 많은 문제가 발생할 수 있다. 똑같은 면적의 토지를 큰아들과 작은아들에게 공평하게 나누어 사전증여했다고 가정해보자. 당연히 증여한 후에는 토지에 대한 모든 권리가 두 아들에게 넘어간다. 아들들이 토지를 처분하거나 대출을 통해 다른 용도로 사용해도 어쩔 수 없다. 그리고 만일 두 토지 중 큰아들 토지는 개발계획으로 가격이 급상승하고, 작은아들 토지는 가격이 그대로인 상황이 되면 형제간에 심각한 갈등이 생길 수 있다. 이 경우 지분별로 사전증여하면 어떨까? 각각의 토지에 아버지의 지분을 60%로 하고, 나머지는 큰아들 20%, 작은아들 20%의 지분으로 증여하면 두 토지 모두 자산의 통제권은 아버지가 가지고 있으면서 증여자산의 안정성은 높아진다. 그러면 앞으로 둘 중 어떤 토지가 가격이 오르고 내린다 하더라도 공평하기 때문에 분쟁의 여지를 미리 없앨 수 있다.

● 저평가된 자산과 향후 소득이 발생할 수 있는 자산을 우선 증여하라

그리고 사전증여 시에는 현재는 저평가되어 있지만 앞으로 가치가 증대될 수 있는 자산부터 실행해야 하며, 증여를 통해 수증자에게 새로운 현금흐름이 발생할 수 있는 자산을 우선 증여해야 한다. 예를 들어, 금융자산보다는 부동산자산으로 증여하는 것이 유리하다. 금융자산은 시가가 100% 드러나지만 부동산, 특히 토지의 경우 시가가 없을 경우 개별공시지가로 평가되기 때문에 시가 대비 훨씬 낮은 가액으로 증여를 실행할 수 있으면서 증여세도 줄일 수 있다. 또한 개발계획이 예상되는 부동산은 향후 가치상승을 기대할 수 있으므로 우선 증여하는 것이 바람직하다.

부동산 중에서도 현금흐름을 창출할 수 있는 수익형 부동산의 지분증여는 임대수익이 지분증여만큼 수증자에게 갈 수 있기 때문에 창출된 현금흐름(임대수익)으로 자산을 취득할 수 있는 자금출처 마련에 도움이 된다.

● 건물 지분과 토지 지분을 구분 증여한 컨설팅 사례

건물에 대해서는 건물 지분과 토지 지분을 구분하여 사전증여하는 전략도 매우 중요하다. 다음 사례를 통해 전략을 소개하고자 한다. 100억 원대의 건물을 보유한 한 자산가에 대한 컨설팅 사례이다.

건물과 토지 지분의 50%는 할아버지가 나머지 50%는 아들이 가지고 있는 상태이다. 할아버지는 12년 전에 아들에게 건물과 토지의 50% 지분을 사전증여했다. 이후 건물 주변에 도로가 생기면서 가치가 급격히 상승하여 사전증여의 효과를 크게 본 상황이었다. 이후 증여한 지 10년이 지나 나머지 지분 50%도 아들에게 증여하려는 계획을 가지고 있었다. 하지만 증여세 부담이 너무 커서 어떻게 해야 할지 고민하고 있는 상황에서 나에게 컨설팅을 요청하였다.

나는 토지 지분은 그대로 두고 건물 지분 50%만 아들이 아닌 손자에게 사전증여하는 전략을 제시하였다. 손자를 증여대상으로 포함시킨 이유는 할아버지 연세를 감안할 때 현재 시점에서 아들에게 증여를 하면 10년 이내에 상속이 발생할 가능성이 높아 상속시점에 사전증여 재산이 합산되면서 상속세 부담이 커지기 때문이었다. 이럴 때는 손자에게 증여하는 것이 낫다고 설득했다. 왜냐하면 1차 상속인은 상속 시 사전증여 재산의 합산기간이 10년이지만 1차 상속인이 아닌 경우는 5년만 합산하기 때문에 사전증여의 효과를 감안하면 손자에게 증여하는 것이 유리하다. 세금 측면에서도 아들에게 사전증여하면 할아버지 유고시점에 상속세를 납부하고 이후에 아들이 사망하면 손자가 상속세를 한 번 더 내야 하는 문제가 있지만, 손자에게 증여하면 두 번의 상속세 대신 한 번의 증여세 납부로 끝날 수 있기 때문이다.

이것을 세대생략증여라고 하는데, 이 경우 두 번 내야 할 세금을 한

번만 내기 때문에 원래 산출된 증여세에 30%를 가산하여 납부하도록 되어 있다(2016년 세법개정에 의해 20억 원 이상이며, 미성년자인 경우의 세대생략증여는 40% 할증 과세함). 그럼에도 두 번 내는 상속세보다는 한 번의 증여세가 저렴하다.

그리고 토지는 그대로 두고 건물 지분 50%만 증여한 이유는 건물 전체의 평가금액에서 토지가 차지하는 비율이 평균 70~80% 정도이기 때문에 건물 지분만을 증여하게 되면 훨씬 낮은 가액으로 평가되어 증여세를 대폭 줄일 수 있기 때문이다. 또한 손자는 건물 전체 임대소득의 50%라는 새로운 현금흐름이 만들어지게 된다. 이 경우 할아버지 토지 지분 50%는 사전증여하지 않았기 때문에 손자는 건물의 임대료를 받으면 일정 금액을 할아버지에게 지대로 지불하면 된다.

할아버지는 이 제안에 매우 만족해 하셨다. 하지만 한창 공부해야 하는 나이의 손자에게 '매월 1,500만 원이라는 임대료가 생길 경우 손자가 학업에 몰두할 수 있을지'에 대한 걱정이 생겼다. 그래서 나는 사전증여를 통해 받게 되는 임대수익을 향후 아들이 사망했을 때 손자가 납부하여야 할 상속세의 납부 재원 마련으로 활용하자고 제안했다. 평소에 상속세에 대한 고민이 컸던 할아버지는 이 제안을 흔쾌히 받아들였고, 그 결과 손자를 계약자와 수익자로 하고, 아들을 피보험자로 하는 종신보험 월 1,000만 원 계약을 체결하였다.

이상으로 사전증여를 통한 상속세 절세 전략을 실제 컨설팅 사례로 살펴보았다. 사전증여 전략을 수립하기 위해서는 고객의 자산에 대한 정보 수집도 중요하지만 무엇보다 사전증여에 대한 고객의 마인드와 철학 그리고 누구에게 어느 정도 주고 싶다는 주관적인 지분 계획을 미리 파악하는 것이 매우 중요하다.

Q12

사전증여 전략은
어떤 순서로 이야기할까?

◉ 성공적인 사전증여를 위해서는 반드시 지켜야 하는 프로세스가 있다

성공적인 사전증여가 되려면 지켜야 할 프로세스가 있다. FC는 이 프로세스에 맞춰 자산가 고객과 대화하고 각 단계별로 증여 전략을 구체화하면서 관련 정보를 수집해야 한다. 사전증여 프로세스에 대해 살펴보겠다.

첫 번째, 사전증여할 총 금액을 먼저 설정해야 한다

흔히 사전증여 금액을 설정하라고 하면 증여 비과세 한도인 성년 자녀 5,000만 원, 배우자 6억 원 등을 이야기한다. 조금 더 생각하면

10%의 낮은 세율을 적용받는 1억 원까지를 설정하는 경우가 많다. 하지만 사전증여 효과를 극대화하기 위해서는 피상속인 자산의 상황과 규모에 따라 다 달라져야 한다. 예를 들어, 상속시점의 상속재산을 평가해보니 상속세 과세표준액이 35억 원이라고 가정해보자. 30억 원이 넘기 때문에 상속세율 50%를 적용받는다. 하지만 사전증여를 통해 5억 원을 줄여서 30억 원 미만으로 떨어트리면 상속세율은 40%로 줄어들게 된다. 이때 사전증여할 총액은 5억 원이 되어야 한다. 좀 더 정확하게 말하면, 5억 원은 상속시점의 미래가치이기 때문에 현재의 가치로 환산한 금액이 사전증여해야 하는 총액이 된다 (상속시점을 20년 후라고 한다면 미래가치 5억 원은 가치상승률을 물가상승률 3%로 적용하여 현재가치로 환산하면 276,837,877원이 증여할 대상 금액이다).

두 번째, 사전증여할 대상 금액이 설정되었다면 어떤 자산을 줄 것인지 판단해야 한다

현금으로 줄 것인가, 부동산으로 줄 것인가, 유가증권으로 줄 것인가, 비상장 법인의 주식으로 줄 것인가, 준다면 전체를 줄 것인가, 지분으로 조금씩 나누어 줄 것인가, 건물과 토지를 동시에 줄 것인가, 건물과 토지를 구분하여 줄 것인가 등이 고려되어야 한다.

세 번째, 누구에게 줄 것인지 고민해야 한다

상속세는 피상속인의 유산총액에 대해 과세하는 유산과세형인 반면, 증여세는 수증인이 취득한 재산가액에 대해서만 과세하는 취득과세형이다. 그래서 증여는 수증자가 많으면 많을수록 각각의 수증자가 부담해야 하는 증여세가 줄어들게 된다. 일반적으로는 증여대상을 자녀로만 한정하는 경우가 많은데 절세 측면에서 보면 사위, 며느리, 손자녀까지 포함하는 것이 효과적이다.

나는 손자녀를 증여대상에 포함하도록 적극 설득하는 편이다. 왜냐하면 앞의 사례에서도 살펴보았듯이 손자녀를 대상으로 세대생략 증여를 하는 경우 두 번의 상속세를 한 번의 증여세로 해결할 수 있고, 1차 상속인이 아닌 손자녀의 경우는 사전증여 재산 합산시점이 상속시점으로부터 10년이 아닌 5년이기 때문에 상속재산에서 제외될 확률이 높기 때문이다. 마지막으로 할아버지, 할머니 또는 아버지와 어머니에게서 받은 증여는 각각 동일인으로 보아 10년 증여재산에 합산하지만 할아버지에게 받은 증여와 아버지에게서 받은 증여는 합산하지 않기 때문에 훨씬 효과적이다.

네 번째, 어떻게 줄 것인지 결정해야 한다

'일시에 다 줄 것인가, 일정기간 나누어서 줄 것인가, 자산만 줄 것인가, 아니면 부채까지 함께 주는 부담부 증여를 할 것인가'의 문제이다. 나누어서 증여하면 미래에 증여받는 자산에 대해서는 일정이

율로 할인해주기 때문에 증여세 절세 효과가 있고, 부담부 증여를 하면 부채 부분은 증여가액에서 공제되기 때문에 이 또한 절세 효과가 있다. 하지만 이 경우 부채를 수증자에게 양도하는 것으로 처리되어 양도소득세가 추가로 발생할 수 있기 때문에 부담부 증여를 실행할 때는 증여세와 양도소득세를 비교해서 판단해야 한다.

이상으로 성공적인 사전증여를 위한 프로세스를 살펴보았다. 막연하게 사전증여 방법을 이야기하는 것보다 체계적으로 한 단계 한 단계씩 이야기하고 설득해나간다면 자산가 고객에게 강한 신뢰를 얻을 수 있게 될 것이다. 두서없이 많은 정보를 이야기하지 않고 단계별로 구분하여 하나씩 설득해나가는 것이 바로 차별화 전략이다.

Q13

사전증여를 주저할 땐
어떻게 설득할까?

사전증여 전략을 통해 절세할 수 있는 금액을 제시하고 실행을 권
해도 실제로는 실행하지 않는 경우가 있다. 고객이 실행하도록 설득
하는 방법과 사전증여하지 않고도 상속세를 절세할 수 있는 방법을
알아보자. 특히 이 방법은 보험을 활용하기 때문에 자연스럽게 성과
로 연결될 수 있는 세일즈 스킬이다.

실제 자산가들에게 사전증여 전략을 안내하면 절세에 대해서는 만
족하지만 실행은 주저하는 경우가 많다. 왜냐하면 사전증여를 실시
하면 자산에 대한 통제권을 잃게 되고, 증여 이후 수증자가 증여재산

을 다른 용도로 사용하거나 다 소진해버릴 위험이 있기 때문이다.

● 종신형 연금보험을 통해 증여자산의 안정성을 높여라

이럴 경우에는 자산을 지분별로 증여하는 방법과 종신형 연금을 가입하는 방법(금융자산으로 사전증여하는 경우)으로 설득하면 된다. 자산별로 증여하지 않고 지분별로 증여하면 자산에 대한 통제권은 계속 유지할 수 있게 된다. 금융자산은 다른 자산에 비해 쉽게 소진해버릴 위험이 있어 증여를 주저하게 되는데, 중도 해약이 불가능한 종신형 연금보험으로 사전증여하면서 자산의 안정성을 제고할 수 있다. 종신형 연금보험은 연금이 지급되고 나면 해약할 수 없다. 따라서 다른 용도로 사용하지 못하고 노후 생활비로만 사용할 수 있기 때문에 안정성을 확보할 수 있는 증여 솔루션으로 활용할 수 있다.

● 종신형 연금보험의 정기금평가를 통해 상속세를 절세하도록 설득하라

다음으로는 사전증여가 아닌 보험을 통한 관계자 설정만으로 상속세를 줄일 수 있는 방법을 알아보겠다. 부동산의 경우는 상속시점에 시가가 아닌 개별공시지가로 평가될 수 있기 때문에 상속재산을 줄일 수 있는 여지가 있지만 금융자산은 100% 시가로 평가되어 상속재산에 그대로 포함된다. 이러한 금융자산의 평가금액을 낮출 수 있는 방법이 바로 정기금평가를 활용하는 것이다.

계약자와 수익자를 각각 피상속인으로 설정하고 피보험자를 배우자나 자녀로 설정한 종신형 연금에 가입하면 피상속인이 계약자이자 수익자이기 때문에 생존 시에는 자산에 대한 통제력은 계속 유지하면서 연금을 사용하다가 유고 시에는 피보험자인 배우자나 자녀에게 연금 수령권을 승계하는 것이다. 연금을 수령하던 피상속인이 사망했기 때문에 연금의 수령 권리가 배우자나 자녀에게 상속된다. 이 경우 상속개시 시점에 일시금이 아닌 연금으로 나누어 수령하는 권리이기 때문에 미래에 지급될 연금에 대해서는 일정한 이율로 할인해서 평가하는 것이 합리적이다. 이처럼 일시금이 아닌 분할하여 수령하게 되는 금융자산을 평가하는 것이 정기금평가 방법인데, 현재 국세청이 고시한 정기금평가의 할인율은 3.0%이다.

피상속인이 사망한 경우 분할로 지급되는 연금의 총액을 계산할 때 일정한 할인율을 적용하여 실질적인 가치를 산정하는 방법이다. 매년 3.0%의 할인율을 적용한다는 것은 20년 후에 수령하는 연금은 매년 3.0%씩 20번을 할인받는다는 의미이다. 이러한 정기금평가를 통해 상속재산이 할인평가된다면 평가할인 금액만큼의 상속세가 절세된다.

◎ 정기금평가 세법 규정

상속세법 65조(기타 조건부권리 등의 평가) ①조건부권리, 존속기간이 불확정한 권리…대통령령이 정하는 정기금을 받을 권리에 대하여는 당해 권리의 성질, 내용, 잔존기간 등을 기준으로 대통령령이 정하는 방법에 의하여 그 가액을 평가한다.

시행령 62조 3항 [종신정기금]

그 목적으로 된 자의 기대여명까지의 기간 중 각 연도에 받을 정기금액을 기준으로 재정경제부령이 정하는 바에 의하여 계산한 금액의 합계액에 의한다.

시행규칙 제19조의 2② 영제62조 제1호 및 제3호의 규정에 의한 정기금은 다음 산식에 의하여 환산한 금액의 합계액으로 한다.

$$\frac{각 \ 연도에 \ 받을 \ 정기금액}{(1+이자율)^n}$$

n : 평가 기준일부터의 경과 연수

이자율 : 금융기관이 보증한 3년 만기 회사채 유통수익률을 감안하여 국세청장이 정하여 고시하는 이율(2019.01.01 현재 기준 연 3.0%)

◎ 정기금평가를 활용한 컨설팅 사례

이러한 정기금평가 방법을 통해 고액의 성과를 창출한 사례를 내 경험을 통해 살펴보겠다.

60억 원의 금융자산과 30억 원의 부동산자산을 보유한 자산가의 사례이다. 이분은 일반적인 경우와 달리 금융자산의 비중이 부동산자산에 비해 높은 상황이었다. 왜냐하면 최근에 60억 원 가치의 건물을 매각했기 때문이다. 이때부터 고민이 시작되었다. 금융기관에 예치한 60억 원 때문에 금융소득종합과세대상이 되었고, 국세통합시스템의 집중관리 대상이 되어 세금에 대한 부담이 가중되고 있었다. 또한 금융자산은 100% 시가로 평가되어 50%의 상속세를 내야 한다는 생각에 잠을 못 이루고 있었다.

이 고민을 정기금평가 방법을 활용한 솔루션으로 깨끗하게 해결해드렸다. 금융기관에 예치한 60억 원을 정기금평가를 받을 수 있도록 네 명의 자녀를 피보험자로 하고 계약자, 수익자를 피상속인으로 하여 종신형 연금으로 전환시켰다.

그 결과 생존 시에는 피상속인이 60억 원에 대한 자산 통제권은 계속 유지하면서 사망 시 수령하는 연금에 대해서는 3.0%의 할인율을 적용했다. 그로 인해 금융자산의 평가액이 평균 30% 정도 평가절하되는 효과가 나타났다. 60억 원의 30%면 18억 원이 평가절하되어 상속세 과세표준액이 30억 원이 넘어 50% 세율 구간에 해당하는 경우이기 때문에 18억 원의 50%인 9억 원의 실제적인 절세 효과를 얻게 되었다. 그리고 60억 원이라는 금융자산을 자녀에게 상속했을 경우에는 다른 자산에 비해 쉽게 소비할 수도 있는데, 종신형 연금을 통해 자녀가 평생 동안 연금으로 수령하게 함으로써 상속자산의 안정성도 높아지게 되어 고객이 매우 만족해했다. 그 결과 연금으로 월납 1억 원의 계약을 체결하였다.

이러한 과정을 진행하기 위해서 무엇보다 중요한 것은 고객의 자산정보를 수집할 수 있어야 한다. 자산가들은 대부분 의심이 많고 자신의 자산정보를 공개하는 것을 매우 꺼린다. 그러므로 민감한 자산정보를 수집하려면 지식도 중요하겠지만 효과적인 커뮤니케이션 스킬을 통해 고객의 신뢰를 먼저 확보해야 한다.

5장

자산가 컨설팅 Q&A _ 법인 컨설팅

Q1

주식 명의신탁 문제,
어떤 컨설팅을 해야 할까?

컨설팅 포인트

❶ "차명주주로 인해 차등배당정책을 실시하지 못하고, 향후 가업승계 과정에도 엄청난 걸림돌이 될 수 있으니 조속히 해결해야 합니다."

❷ "차명주주를 해결하기 위한 방법으로 명의신탁 해지가 있습니다. 하지만 명의신탁 해지에 대한 승인을 받지 못하면 막대한 세금이 발생할 수 있으므로 충분히 고려해야 합니다.

❸ "차명주주의 지분을 회수할 수 있는 간소화된 방법인 '명의신탁주식 실제소유자 확인제도'를 활용할 수 있습니다. 이 경우 구체적인 신청 조건을 확인해야 합니다."

❹ "차명주주의 지분을 법인 대표가 회수하게 되면 향후 상속 시 자녀에게 승계하는 과정에 고액의 상속세가 발생할 수 있으니 차명주주의 지분을 자녀가 직접 양수·양도하는 것이 효과적일 수도 있습니다."

❺ "차명주주의 지분을 회수하는 경우 '비상장 주식의 한 주당 가격'을 확인하고 진행해야 합니다."

주식 명의신탁은 소유관계를 공시하도록 되어 있는 재산에 대하여 소유자 명의를 실소유자가 아닌 다른 사람 이름으로 해놓는 것을 말한다. 과거에는 상법상 법인 설립 시 발기인 요건을 맞추기 위해 빈번히 이루어졌다(1996.09.30 이전: 발기인 7명 이상 / 2001.07.30 이전: 발기인 3명 이상). 과점주주에 해당되지 않기 위해 차명주주를 포함시킨 경우도 많았다. 일반적으로 상속세와 증여세 국세부과 제척기간(세금을 부과할 수 있는 기간)은 15년이지만, 재산가액이 50억 원을 초과할 경우에는 그 사실을 안 날로부터 1년 이내에 부과할 수 있기 때문에 사실상 제척기간이 없어 명의신탁 문제를 해결하지 않으면 세금폭탄을 맞을 수 있다.

차명주주가 있으면 법인 경영에 있어 여러 가지 문제가 생길 수 있다. 우선, 배당정책을 펼치기 어렵다. 배당은 균등배당이 원칙이라 차명주주도 서류상으로는 지분을 보유하고 있기 때문에 배당금 지급 대상이 된다. 배당금을 지급하면 차명주주가 배상소득세를 납부해야 하고, 차명주주에게 지급한 배당금을 다시 회수하기는 쉽지 않아 배당을 아예 실시하지 않는 경우가 많다.

그리고 법인 승계 시점에 차명주주의 지분이 있으면 승계과정에 제약이 있을 수밖에 없다. 차명주주의 지분을 회수하더라도 법인 설립 시의 액면가가 아닌 회수시점의 비상장주식 평가방법에 의한 가격으로 회수해야 하기 때문에 한 주당 가격이 많이 상승한 경우는 대규모 회수자금이 필요해진다.

명의신탁으로 인한 위험은 무엇이 있는지 좀 더 구체적으로 정리해보겠다.

- 명의신탁 증여의제 적용 시 증여세를 납부해야 하며, 이 경우 증여세 납부 재원을 별도로 마련해야 한다.
- 명의 대여자가 변심할 경우 소송을 통해서 입증해야 하는 일이 생길 수 있다.
- 명의 대여자가 사망하고 유가족이 권리를 주장하면 이를 입증해야 하고, 명의 대여자의 상속인에게 발생하는 상속세 납부 재원을 조달해야 하는 문제가 발생할 수 있다.
- 명의신탁 주식이 압류되면 채권상환 자금을 마련해야 한다.
- 명의 대여자에게 2차 납세의무 발생 시 세금 납부 재원을 추가로 조달해야 하는 일이 생길 수 있다.
- 가업승계 시, 최대주주 지분 50% 이하면 가업승계특례 혜택을 받을 수 없어 상속세가 급증할 수 있다.
- 명의신탁으로 인해 배당을 실시하지 못하고 차등배당정책을 통한 지분승계 전략을 실행하지 못할 수도 있다.

이처럼 명의신탁이 있으면 법인 경영상 많은 문제점과 위험을 내포하게 되고, 가업승계에 큰 걸림돌이 된다.

그렇다면 명의신탁 문제를 해결할 수 있는 방법은 무엇이 있을까? 대표적으로 명의신탁주식 실제소유자 확인제도를 활용하는 방법이 있다. 일정한 요건을 갖추면 종전의 복잡하고 까다로운 확인 절차 없이 실제소유자를 확인해준다. 납세자의 입증 부담을 덜어주고, 원활한 가업승계와 안정적인 기업경영 및 성장을 지원하기 위해 국가가 마련한 제도이다.

확인신청 대상자 요건은 주식발행 법인이 '2001년 7월 23일 이전에 설립'되었고, 실명전환일 현재 [조세특례제한법 시행령]에서 정하는 '중소기업에 해당'되어야 하며, 실제소유자와 명의 수탁자 모두 법인 설립 당시 발기인으로서 설립 당시 명의신탁한 주식을 실제소유자에게 환원하는 경우이어야 한다. 그리고 실제소유자별, 주식발행 법인별로 실명 전환하는 주식가액의 합계액이 30억 원 미만이어야 한다. 명의신탁주식 실제소유자 확인신청 및 단계별 절차는 다음과 같다.

- 사전상담: 명의신탁주식 실제소유자가 가까운 세무서(재산세과)를 방문하여 '신청대상자 요건 해당 여부', '확인신청 방법 및 처리절차', '제출할 서류' 등을 안내받을 수 있다.
- 확인신청: 신청인은 '명의신탁주식 실제소유자 확인신청서'와 '당초 명의신탁 및 실제소유자 환원사실을 입증할 수 있는 증빙서류'를 갖추어 신청인의 주소지 관할 세무서에 제출한다.
- 실소유자 확인: 신청서 내용과 제출증빙 등을 근거로 실제소유자를 확인하며, 실명전환 주식 가액이 10억 원 이상이거나 실제소유자 여부가 불분명한 때에는 명의신탁주식 실명전환자문위원회 자문을 받아 처리한다.

- **결과통지**: 신청인에게 명의신탁주식 실제소유자 확인신청 처리 결과를 통지한다.

이는 행정절차를 간소화해주는 제도일 뿐, 명의신탁에 따른 증여세, 배당에 따른 종합소득세 등은 발생할 수 있음을 염두에 두어야 한다. 이 제도를 통해 실소유자 확인이 된다고 하더라도 부과제척기간에 따라 명의신탁에 따른 증여세 및 가산세 과세, 배당을 실소유자가 수령 시 소득세 및 가산세, 신주를 타인 명의로 명의개서 시 새로운 명의신탁에 해당하는 문제 등이 발생할 수 있다.

그리고 명의신탁 지분이 실소유자에게 환원되기 때문에 가업승계나 차등배당정책을 진행하고자 할 때 회수한 지분을 가족명의로 이동하면 증여문제가 발생할 수 있다는 점을 고려해야 한다. 만약 명의신탁 지분을 회수하여 가족에게 증여한다면 최초의 액면가가 아닌 그 시점의 비상장주식 평가법에 의한 가격으로 산정되어 증여세 부담이 가중될 수 있다. 그래서 경우에 따라서는 명의신탁 지분을 가족이 직접 양수양도하는 방법으로 취득할 수도 있다. 어떤 방법을 선택할지는 그 시점의 법인 비상장주식 가격을 검토한 후 의사결정하는 것이 합리적이다. 예를 들어, 액면가 1,000원으로 법인을 설립한 법인이 현재 한 주당 비상장주식 평가액이 10,000원이 되었다면 차명주주의 지분을 회수할 때 액면가로 계산해서 회수하는 것이 아니라 한 주당 10,000원으로 회수해야 하기 때문에 그만큼 회수비용이 많이 필요해진다. 실제 차명주주를 보유하고 있는 많은 법인이 차명주주 지분을 회수하는 시점의 한 주당 가격이 너무 상승하여 회수 자체를 포기하는 경우가 많다. 만약 차명주주 지분을 회수하더라도 법인 대표 명의로 회수하면 향후 법인 승계를 위해 자녀에게 지분을 사전증여할 때 증여세가 부과되기 때문에 차명주주 지분을 자녀가 바로 양수양도하는 방식으로 회수하는 것이 유리할 수 있다. 이런 경우 자녀가 주주로 참여하게 되어 향후 차등배당정책으로 법인지분이 자연스럽게 이동하면서 법인승계에도 도움이 될 수 있다. 차등배당정책에 대해서는 뒤에 소개하는 배당정책에서 자세히 살펴보겠다.

명의신탁 해지를 통해 차명주주 지분을 회수할 때는 현재 한 주당 가격의 상황을 보고 판단해야 한다. 비상장법인의 한 주당 가격은 계속해서 변한다. 주당 가격이 낮은 시점에 회수하는 것이 절세에 도움이 된다는 점을 염두에 두고 회수나 증여 시점을 잘 판단하여 실행해야 한다.

참고로 비상장 법인의 주식평가 방법은 다음과 같다.

- 일반법인＝[한 주당 순자산가치×2＋한 주당 순손익가치×3]÷5
- 부동산 과다법인＝[한 주당 순자산가치×3＋한 주당 순손익가치×2]÷5

  *부동산 과다법인은 법인의 총 자산 중 부동산 비중이 50% 이

상인 법인(부동산 임대, 골프장, 숙박업 등이 해당)

- 순자산가치만으로 평가하는 법인(한 주당 평가액＝한 주당 순자산 가치)

  ① 사업개시 3년 미만 법인, 휴·폐업 중인 회사, 사업개시 전 법인

  ② 사업개시가 곤란하다고 인정되는 법인(대표자의 사망 등), 청산절차 진행 등 법인

  ③ 3년 연속 각 사업연도 결손금이 있는 법인

  ④ 부동산 평가액이 총 자산의 80% 이상인 법인

- 비상장주식 평가액＝Max[현행가중평균치, 순자산가치의 80%]

Q2

법인의 가지급금과 가수금 문제는 어떤 해결방안이 있나?

❶ "가지급금을 해결하는 방법은 크게 급여, 상여금, 배당금을 수령하거나 보유하고 있는 개인 자산을 매각한 대금으로 재원을 준비하는 방법과 보유하고 있는 주식을 처분함으로써 재원을 마련하는 방법으로 나눌 수 있습니다."

❷ "가수금은 매출 누락으로 인해 가수금이 발생한 것이 아닌지 국세청의 의심을 받게 될 수도 있으니 유의해야 합니다."

❸ "법인 대표가 가수금에 대해 인정이자율에 의해 이자를 법인으로부터 받지 않은 경우 증여의 문제가 발생할 수 있으니 특별한 관심을 가져야 합니다."

일반적으로 법인 대표 대부분은 법인의 재무제표 관리나 법인 자산의 가치를 높일 수 있는 방법보다는 어떻게 하면 사업을 확장할 것인가에 대해 더 큰 관심과 에너지를 쏟고 있다. 상대적으로 법인의 자산관리와 세금에 대해서는 관심도가 낮은 편이다. 특히 세금 부분은 거래하는 세무사나 회계사에게 일임하여 관리하고 있는 경우가 대부분이다. 이러한 이유로 법인세 절감 혜택과 법인 대표 및 임원이 받을 수 있는 다양한 혜택의 기회를 놓치고 있는 경우가 많다. 이러한 문제점과 고민을 이해하고 공감하는 과정을 통해 법인 대표와 FC의 신뢰가 조성되면 새로운 세일즈 기회를 만들 수 있다.

법인 대표들이 가지고 있는 주요 고민은 무엇일까? 대표적인 것이 가지급금(현금 지출이 있었지만 사용처가 불명확한 증빙되지 않은 자금)과 가수금(법인에 자금이 들어왔으나 처리계정이 미확정인 자금)을 어떻게 처리해야 할지이다.

법인 자금을 개인 자산으로 이전할 수 있는 방법은 크게 세 가지가 있다. 첫째, 급여로 가져오는 방법, 둘째, 이익배당금으로 가져오는 방법, 셋째, 퇴직금으로 가져오는 방법이다. 이 외에 적합한 증빙없이 가져오는 법인 자금은 모두 가지급금으로 처리하게 된다. 법인의 가지급금은 법인 자금을 법인 대표가 빌려간 것으로 간주하기 때문에 법인 대표는 가지급금에 대한 적정 이자를 내야 한다. 그렇지 않으면 종합소득신고 시 가지급금의 이자만큼 법인 대표의 소득으로 과세하므로 세금 부담이 커지게 된다.

가지급금의 가장 큰 문제는 국세청 세무조사의 타깃이 되는 동시에 가지급금이 부채이기 때문에 재무제표가 부실해져 신규 사업자금 대출이 어려워진다는 점이다. 이를 해결하려면 결국 법인 대표의 개인 자금으로 가지급금을 상환해야 한다. 이러한 재원 마련을 위해 과거에는 퇴직금 중간정산을 통해서 해결했다. 하지만 세법이 개정되면서 퇴직금 중간정산을 인정하고 있지 않기 때문에 다른 전략을 통해 가지급금의 규모를 줄여나가야 한다.

가지급금은 일시에 해결하기보다 여러 가지 전략을 동시에 실행하여 단계별로 조금씩 줄여나가야 한다. 가지급금을 해결하기 위한 전략을 하나하나 살펴보겠다.

개인 재산으로 상환하는 방법

법인 대표의 개인 자산으로 상환하는 방법이다. 현금으로 상환하면 추가 세 부담은 없지만, 법인 대표의 개인 재산은 감소하게 된다. 만약 개인 소유의 부동산 매도로 가지급금을 상환한다면 양도소득세 부담이 발생할 수 있다.

급여·상여금으로 처리하여 상환하는 방법

법인에서 받는 급여와 상여금 등으로 상환하는 방법인데, 법인 대표의 소득세율 과세표준액 구간 범위 내에서 급여를 올려서 그 재원으로 가지급금을 서서히 줄여나갈 수 있다. 하지만 현재의 소득세율 과세표준액 구간을 넘겨 급여를 올리게 되면 법인의 유동성 부담과 법인 대표의 소득세 및 4대 보험료가 증가되어 가지급금 해결 방법으로는 한계가 있다.

배당으로 처리하여 상환하는 방법

법인의 당기순이익을 주주배당을 통해 지급하고 그 재원으로 상환해가는 방법이다. 수령한 배당금과 금융소득을 합산하여 연간 2,000만 원까지는 15.4% 원천징수하지만 초과 시에는 법인 대표의 다른 소득과 합산하여 종합과세하기 때문에 종합소득세율이 높은 법인 대표는 과도한 배당소득세를 부담해야 한다. 그래서 가지급금 해결 방법으로는 한계가 있다. 현재 종합소득세 최고 세율은 42%로 지방소득세 10%와 4대 보험료를 감안하면 최고 52%의 세 부담이 발생할 수 있다.

실질과세원칙을 반영하여 오류를 수정하는 방법

가지급금의 발생 내역을 확인하여 전기 오류수정 손실처리하는 방법으로, 증빙 미비로 인한 증빙불비가산세(2%)가 과세될 수 있고, 손금(損金: 법인의 비용으로 처리되어 법인세를 환급받게 되는 금액)의 귀속시기에 따른 법인세 경정청구 부담이 발생할 수 있다.

주식을 매각하여 상환하는 방법

주식을 매각한 양도자금으로 상환하는 방법으로, 주식양도 시 양도소득세가 부과될 수 있으며, 비상장주식 매수자를 찾는 것이 쉽지 않다는 문제점이 있다.

자기주식 취득으로 상환하는 방법

자기주식은 의결권이 없으므로 지분율 변화로 경영권에 변화를 초래할 수 있고, 국세청의 '주요 사후관리검증 사전예고' 항목으로 자기주식 취득을 통한 부당한 자금대여 행위로 오해받을 위험이 있다. 또한 무효 또는 의제배당(결산을 통한 당기순이익에 대한 배당이 아니라 다른 사유로 인해 실제 이익이 주주에게 돌아가는 경우를 의미하며, 대표적인 것이 주식소각에 따른 이익인데 실제 배당효과와 비슷하다는 의미에서 만들어진 개념이다)이 상법상, 세무상 논쟁에서 불완전한 문제점이 있다. 자기주식 취득을 통한 가지급금 해결 방안은 다음에서 좀 더 살펴보겠다.

유상감자 대금으로 상환

유상감자(법인의 자본금과 주식의 수를 줄일 때 발생하는 보상금을 주주에게 유상으로 지급하는 것)를 실행하여 감자를 통해 수령하는 자금으로 가지급금을 해결하는 방법이다. 감자 대가와 소멸하는 주식 취득가액의 차액에 대해서는 의제배당으로 처리된다. 만약 의제배당 금액이 큰 경우 소득세 부담이 추가로 증가할 수 있다.

가지급금을 해결하는 방법은 크게 급여, 상여금, 배당금을 수령하는 방법, 보유하고 있는 개인 자산을 매각한 대금으로 재원을 준비하는 방법, 보유하고 있는 주식을 처리함으로써 재원을 마련하는 방법이 있다. 방법마다 장단점이 다르므로 법인의 상황과 개인의 자산 현황에 맞춘 전략이 필요함을 설득해야 한다.

● 자기주식 취득의 구체적인 절차와 내용

자기주식 취득절차

1. 자기주식 취득가액의 총액 결정(상법 제341조 1항)

   ① 직전 결산기 대차대조표상 순자산가액

   ② 자본금의 액

   ③ 그 결산기까지 적립된 자본준비금과 이익준비금의 합계액

   ④ 그 결산기에 적립하여야 할 이익준비금의 액

   ⑤ 미 실현이익

2. 자기주식의 평가

3. 자기주식 취득 주주총회(상법 제341조 2항)

   ① 취득할 수 있는 주식의 종류

   ② 취득가액의 총액 한도

   ③ 1년을 초과하지 아니하는 범위에서 자기주식을 취득할 수 있는 기간

4. 이사회 결의(상법 시행령 제10조 제1호)

   ① 자기주식 취득의 목적

   ② 취득할 주식의 종류와 수

   ③ 주식 한 주를 취득하는 대가로 교부할 금전

   ④ 주식 취득의 대가로 교부할 금전 등의 총액

   ⑤ 20일 이상 60일 이내 범위에서 주식양도를 신청할 수 있는 기간

⑥ 양도신청 기간이 끝나는 날로부터 1개월의 범위 내에서 양도의 대가로 금전 등을 교부하는 시기

5. 모든 주주에게 자기주식 취득계획을 서면으로 통지(상법 시행령 제9조, 제10조 제2호)

① 양도신청 기간이 시작하는 날의 2주 전까지 각 주주에게 회사의 재무현황, 자기주식의 보유현황 및 자기주식 취득을 위한 이사회의 결의 내용

② 회사에 주식을 양도하려는 주주는 양도신청 기간이 끝나는 날까지 양도하려는 주식의 종류와 수를 적은 서면으로 주식양도를 신청할 것

6. 자기주식 취득내역서 본점 비치(상법 시행령 제9조 2항)

자기주식 취득내용을 6개월간 본점 비치

7. 주식 양도소득세 신고(주식양도일로부터 2개월 이내, 양도차익의 10%)

8. 주식양도인의 증권거래세 신고

매 분기분의 과세표준과 세액을 양도일이 속하는 분기의 말일부터 2개월 이내에 신고할 것(증권거래세 비율: 주식양도가액 × 5/1,000)

관련세법 규정

• 자기주식 취득 상법규정 제341조

- 개정상법 비상장 회사도 자기주식 취득 허용(2012년 4월)
- 단, 배당 가능한 이익한도 내에서 자유로운 자기주식 취득 가능
- 주주비례원칙, 법정 절차 준수(주주총회, 이사회 등) 필요

◉ **위법한 자기주식 취득에 대한 세무처리(업무무관 가지급금 처리)**

자기주식 취득행위가 상법 제341조에 위배되어 무효에 해당하는 경우 해당 법인이 특수관계자인 주주에게 자기주식 취득대금으로 지급한 금액은 법률상 취득원인 없이 지급된 것이므로 이를 정당한 사유 없이 회수하지 않거나 회수를 지연한 때에는 업무무관 가지급금으로 본다(법규과 -1796, 2010.12.2.) / (법인세과 -389, 2012.6.15.).

반면, 가수금은 세무상 불이익은 없지만 매출누락으로 인해 가수금이 발생한 것이 아닌지에 대해 국세청의 의심을 받게 될 수도 있으니 유의해야 한다. 과거에는 가수금에 대한 특별한 조치 내용이 없었지만 지금은 법인 대표가 가수금에 대해 인정이자율에 따라 법인으로부터 이자를 받지 않은 경우 증여 문제가 발생할 수 있다. 이러한 상황에 특별한 관심을 갖도록 설득해야 한다.

Q3

정관정비 필요성은
어떻게 설득하고 컨설팅할까?

❶ "법인 설립 시 만든 표준정관을 그대로 가지고 있어 손비처리를 통해 법인세를 절감할 수 있는 기회와 법인 대표가 누릴 수 있는 다양한 혜택을 누리고 있지 못하고 있습니다. 정관정비를 하면 세금도 줄이고 법인이 받을 수 있는 다양한 혜택도 받을 수 있습니다."

❷ "임원 성과급 지급을 포함한 명확한 보수규정 마련이 필요합니다."

❸ "임원 유고 시를 대비한 유족보상규정 마련이 필요합니다."

❹ "세법에 근거한 합리적 임원 퇴직금규정 마련이 필요합니다."

법인 대표들이 가진 고민 중 하나는 '법인세를 어떻게 하면 줄일 수 있을 것인가?'이다. 법인세를 합법적으로 절세하기 위해서는 손비처리받을 수 있는 요소를 잘 살펴보고, 놓치고 있는 것이 없는지 꼼꼼히 체크해야 한다. 또한 법인 자금을 효율적으로 가져오고 다양한 혜택을 누릴 수 있기 위해서는 법인이 보유한 정관을 정비할 필요가 있다. 왜냐하면 법인정관에 지급할 수 있는 규정이 명확하고 상세하게 명시되어 있지 않으면 법인 자금의 지급이 안 되고 비용으로도 처리할 수 없기 때문이다. 법인 대표들과 상담할 때 정관정비의 중요성을 환기할 수 있는 몇 가지 사례를 소개하겠다.

◎ "임원 성과급 지급을 포함한 명확한 보수규정 마련이 필요합니다."

법인의 경영성과가 좋아 종업원들에게 성과급을 지급한다면 그 금액에 대해서는 손비처리가 가능하다. 하지만 법인 대표도 성과급을 가져올 경우, 정관에 대표 및 임원의 명확한 보수규정이 없으면 지급이 불가하고 지급한다고 해도 비용처리가 안 될 수 있다. 그렇기 때문에 회사 정관에 급여, 보너스, 성과급 지급에 대한 명확한 기준과 근거를 마련해야 한다고 설득해야 한다.

◎ "임원 유고 시를 대비한 유족보상규정 마련이 필요합니다."

내가 알고 있는 법인 대표의 안타까운 사연이 있다. 법인 대표가 갑작스러운 사고로 유명을 달리하였다. 그리하여 경영하던 법인의 자금으로 유가족에게 보상금을 지급하려고 했으나 회사 정관에 지급할 수 있는 근거가 없어 한 푼도 지원하지 못한 것이다. 근로자들은 업무과정에서 산업재해가 발생하면 산재법에 의해 보호를 받기 때문에 일정 금액을 보상받을 수 있고, 추가로 법인에서 근로자에게 위로금을 지급한다면 법인은 손비처리로 법인세를 환급받을 수 있다. 하지만 법인 대표나 임원은 근로자가 아니라 사용인이기 때문에 이러한 혜택을 받으려면 회사 정관에 재해나 유고 시를 대비한 유족보상금에 대한 명확한 지급규정이 있어야 한다. 지급규정에 따라 유족에게 지급되면 손비처리도 가능하다. 참고로 유족보상금 지급은 근로기준법에서는 일급여의 1,000일 분, 산재법에서는 일급여의 1,600일 분까지 가능하다.

◉ "세법에 근거한 합리적 임원 퇴직금규정 마련이 필요합니다."

마지막으로, 법인 자금을 개인 자산으로 이전할 수 있는 방법 중 하나인 퇴직금에 대한 내용이다. 근로기준법에 따라 일반 근로자는 1년에 한 달의 급여가 퇴직금으로 쌓인다. 만약 법인 대표나 임원의 퇴직금에 대한 별도의 지급규정이 없으면 일반 근로자와 동일하게 매년 한 달 분의 급여가 퇴직금으로 적립된다. 하지만 정관에 명확한 퇴직금 지급규정이 마련되어 있으면 그 기준에 따라 퇴직금을 가져올 수 있다. 과거에는 과도한 지급배수를 적용해 퇴직금으로 가져오기도 했는데, 이 경우 순수한 퇴직금으로 인정하지 않고 법인 자금을 편법으로 가져오기 위한 수단으로 판단하여 퇴직소득세가 아닌 근로소득세로 과세한 경우가 많았다. 이러한 논란을 불식시키기 위해 법인 임원의 퇴직금 지급 한도를 세법으로 규정하였다.

세법상 법인 임원의 퇴직금 지급한도는 '퇴직한 날로부터 소급하여 3년 동안 지급받은 총 급여의 연평균 환산액×10%×2012년 1월

1일 이후 근무기간×3배'이다(2020. 1. 1. 이후 퇴직하여 지급받는 소득분부터는 지급배수 '2배' 적용).

이상으로 정관정비의 필요성과 그에 따른 혜택에 대해 살펴보았다. 그렇다면 정관정비는 어떻게 해야 할까? 그 절차와 주요 내용을 살펴보고, 정관을 변경할 때 유의해야 할 사항을 알아보자.

정관변경 절차

- 1단계(정관 확인): 정관상의 개정 또는 신설이 필요한 사항 체크
- 2단계(이사회 소집 통지): 주주총회는 이사회 결의사항이므로 정관변경을 위한 임시주주총회 개최 필요. 이를 위한 사전 절차로서 이사회 소집 통지서 발송
- 3단계(이사회 개최): 이사회 결의를 통해 임시주주총회 소집에 대한 결의
- 4단계(주주총회 소집 통지): 이사회에서 결의된 임시주주총회의 개최 시기, 장소, 안건에 대한 내용을 주주들에게 통지
- 5단계(임시 주주총회 개최): 주주들의 특별 결의를 통해 정관변경안 통과. 임원 퇴직금 지급규정을 신설하는 경우에는 일반 결의
- 6단계(정관변경): 주주총회 특별 결의에서 통과된 변경정관을 공증(공증은 필수사항이 아님). 주주총회가 있었으므로 주주총회 의사록 작성

● 정관정비 시 유의해야 할 사항

정관을 정비할 때는 다음 사항을 유의해야 한다.

첫째, 임원의 보수규정, 퇴직금 지급규정, 유족보상규정은 계산기준이 구체적이어야 한다. 지급금액을 정관에 명시하라는 의미는 아니고, 지급한도를 명시하면 된다. 즉, '임원의 월 급여를 얼마로 한다'라고 명시하는 것이 아니라 연간 지급한도가 얼마인지를 명시하면 된다.

둘째, 퇴직금 지급규정은 특정 임원이 아닌 모든 임원에게 적용되어야 한다. 법인 대표만 퇴직금을 지급한다는 정관 내용은 효력이 없다.

셋째, 퇴직금은 사회통념상 타당한 금액이어야 하는데, 이는 앞서 설명한 세법에서 정한 퇴직금의 지급한도를 준용하면 된다.

넷째, 퇴직금 지급규정에 따라 임원 퇴직 시 계속, 반복적으로 적용되어야 한다. 임원에 대한 퇴직금규정이 있어도 특정 임원에게만 일회성으로 지급하고 이후 다른 임원에게 적용하지 않는다면 정관의 효력이 발생하지 않는다.

마지막으로, 현실적 퇴직이어야 한다. 과거에는 법인 임원들에 대해 퇴직금 중간정산이 가능했고, 퇴직 후 퇴직금을 지급받고 일정기간이 지난 후 다시 임원으로 입사하여 퇴직금을 쌓는 방법으로 법인자금을 개인자금으로 전환하는 방법을 많이 썼다. 하지만 과세당국에서는 이러한 상황을 진짜 퇴직으로 인정하지 않기 때문에 향후 추가로 세금이 문제될 수 있으니 유의해야 한다고 설득해야 한다. 예를 들어, 퇴직금규정을 마련해도 과세당국에서 이것의 효력을 인정하지 않으면 '퇴직소득세'로 과세하지 않고 '일반 근로소득세'로 과세하기 때문에 세금 부담이 커진다.

이상으로 정관정비가 왜 필요한지, 그로 인해 받을 수 있는 다양한 혜택이 무엇인지 살펴보았다. 여기에서 핵심은 법인정관의 정비를 통해 법인세를 절감하고 법인 대표와 임원이 누릴 수 있는 혜택을 극대화하는 것이다.

법인 시장에 성공적으로 진입하고 싶은 FC라면 다음과 같이 질문하고 정관정비 시 받게 되는 다양한 혜택을 이점으로 강조해야 한다.

"대표님, 법인정관을 변경한 경험이 있으신가요?"

"법인 설립 시 만든 표준정관을 그대로 가지고 계신다면 손비처리를 통해 법인세를 절감할 수 있는 기회가 줄어듭니다. 이번 기회에 정관정비를 통해 세금도 줄이고 법인에서 받을 수 있는 다양한 혜택을 받아보면 어떨까요?"

Q4

법인 자금을 개인 자산으로
이전하는 방법은?

❶ "법인 자금을 가져오는 방법은 급여와 배당금으로 가져오는 방법, 퇴직금으로 가져오는 방법이 있습니다."

❷ "급여와 배당금으로 가져오는 방법은 한계가 있습니다. 퇴직금지급규정 정비를 통해 퇴직금으로 가져오면 효과적인 법인승계에도 도움이 됩니다."

❸ "퇴직금과 유족보상금의 재원은 보험으로 동시에 준비하는 것이 효과적입니다."

　　법인 자금을 개인 자산으로 이전할 수 있는 방법은 크게 급여와 이익배당금, 퇴직금이 있다. 이중에서 퇴직금이 가장 큰 금액을 이전할 수 있는 방법이며, 차등배당정책과 더불어 법인의 승계과정에서 세금을 줄일 수 있는 방법이다. 그리고 법인을 경영하는 기간 동안 발생할 수 있는 만약의 위험에 대비할 수 있는 방안도 매우 중요하다. 이러한 퇴직금 지급 재원과 유족보상금 재원 마련의 방법으로 보험을 활용하는 전략을 설득할 필요가 있다. 내가 법인 대표와 상담하는 과정에서 나누었던 이야기를 중심으로 정리해보겠다.

◉ "급여로 가져오는 방법은 한계가 있습니다."

법인 자금을 가져오는 첫 번째 방법은 급여로 가져오는 것이다. 법인의 당기순이익이 많이 쌓여 있으면 급여를 높게 책정해서 가져오면 된다. 하지만 이 경우는 과도한 세금을 부담해야 한다. 일반적으로 중소법인을 경영하는 대표의 평균 급여는 월 300만 원에서 500만 원 정도다. 급여를 높게 책정하지 않는 이유는 세금 때문이고, 법인을 설립하는 이유 역시 개인사업자로 있을 경우 부담해야 할 세금이 너무 많기 때문이다.

현재 소득세의 최고 구간은 과세표준액이 5억 원 이상이면 42%의 세율을 적용받는다. 반면, 법인세율은 과세표준액이 2억 원 초과 200억 원 이하인 경우 20%의 세율을 적용받기 때문에 개인사업자에 비해 절반 수준이다.

세금을 줄이기 위해 법인을 설립하고 개인사업자에서 법인으로 전환했는데 급여를 높게 책정하면 오히려 세금부담이 커질 수 있다. 예를 들어, 개인사업자인 경우 5월에 종합소득신고를 통해 세금을 납부하면 되지만, 법인사업자는 법인세를 먼저 납부하고, 법인에서 받은 급여에 따른 소득세를 또 납부해야 한다. 급여를 높게 책정해 종합소득신고 시 다른 소득과 합산해서 높은 세율 구간에 해당된다면 법인으로 전환하면서 오히려 세금을 두 번 납부하는 결과를 만들게 된다. 또한 급여상승에 따른 4대 보험료 인상을 감안하면 급여를 높게 책정하는 의미가 반감된다. 이러한 이유로 급여로 법인 자금을 가져오는 것은 한계가 있음을 설득해야 한다.

◎ "일반적인 배당정책으로 가져오는 것은 문제가 있으니 차등배당정책을 적극 실행해야 합니다."

다음으로는 이익배당금으로 법인 자금을 가져오는 방법이다. 이 경우도 일정 금액을 초과하면 세금부담이 커진다. 이자소득과 배당소득을 합산하여 연간 2,000만 원이 넘으면 다른 소득과 합산하여 종합과세하게 된다. 누진세율을 적용하는 우리나라에서는 소득을 합산할수록 높은 세율을 적용받기 때문에 불리하다. 또한 법인 설립 시 2차 납세의무가 있는 과점주주를 피하기 위해 차명주주를 넣었다면 이익배당처리 시 차명주주에게도 이익배당금을 지급해야 하는 문제가 생겨 배당처리를 하지 못하는 경우도 많다. 이처럼 배당금으로 가져오는 방법에도 한계가 있다. 이러한 경우 자녀를 주주로 참여시키고 종합소득세 세율이 낮은 자녀에게 초과배당(또는 차등배당)을 실시함으로써 어느 정도 해결할 수 있다. 이러한 전략은 다음 질문의 차등배당정책에 대한 설명에서 자세히 살펴보겠다.

◎ 퇴직금으로 가져오기 위해 준비해야 할 사항을 강조하라

마지막으로는 퇴직금으로 가져오는 방법인데, 이 방법으로 가장 큰 금액을 가져올 수 있고, 승계과정에서도 절세할 수 있다. 법인 자금을 퇴직금 명목으로 가져오기 위해서는 정관의 정비작업이 우선되어야 한다. 정관정비는 앞에서 살펴본 내용으로 법인 대표와 소통하면 된다. 그렇다면 정관정비 후 퇴직금 재원 마련을 위해 보험이 어떻게 활용될 수 있는지 그리고 어떠한 이득이 있는지 살펴보겠다.

◎ 법인 임원 퇴직플랜의 이점을 강조하여 설득하라

법인 임원 퇴직플랜은 법인 수익 중 일부를 대표이사 및 임원의 퇴직금 재원으로 적립하는 것으로, 저렴한 퇴직소득세로 절세 효과를 누리면서 법인 대표나 임원의 은퇴자금을 마련하는 방법이다. 법인 입장에서는 퇴직금 지급에 따른 손비처리로 법인세를 절감하고, 유동성 문제를 해결할 수 있는 방법이다.

계약자, 수익자는 법인으로 하고 피보험자는 법인의 대표 및 임원으로 설정해 향후 퇴직 시 퇴직금 재원으로 사용하거나 퇴직 시점에 계약자, 수익자를 법인에서 법인 대표나 임원으로 변경하여 보험증권을 퇴직금 명목으로 가져갈 수 있는 방법이다.

보험으로 퇴직금 지급 재원을 준비해야 하는 이유는 사내에 유보했을 경우보다 훨씬 안정성이 높아지고, 법인 대표와 임원의 유족보상을 위한 재원도 동시에 준비할 수 있기 때문이다. 퇴직충당금이나 기타 계정과목 등으로 퇴직금 재원을 사내에 유보하는 경우에는 예측하지 못한 경영악화로 인해 퇴직금을 제때 지급하지 못할 가능성이 있지만, 보험으로 준비하면 퇴직금 재원이 외부에 있어 안정성을 확보할 수 있다. 그리고 법인 임원 퇴직플랜은 가업승계 관련 절세에도 도움이 된다. 중소법인은 대부분 비상장법인이므로 상속세 및 증여세법에서 정한 비상장법인의 주식가치 평가방법에 의해 주식평가액을 최소화하는 것이 매우 중요하다. 참고로 비상장법인의 주식가격 산정 방법은 다음과 같다.

한 주당 가액 = Max(현행 가중 평균치, 순자산가치의 80%)

가중평균치 = [(한 주당 순순익가치×3) + (한 주당 순자산가치×2)]÷5

향후 퇴직금이 지급되면 손비처리로 법인세도 환급받지만, 퇴직금이 지급되면서 법인의 자산가치가 하락하게 된다. 그러면 가업승계과정에서 발생하는 증여세를 절세하는 효과도 거둘 수 있다. 이 점을 충분히 설득하면 법인 계약도 어려움 없이 진행할 수 있다.

◎ 법인 임원 유족보상플랜의 이점을 강조하고 설득하라

법인 대표와 임원의 퇴직플랜만큼 중요한 것은 법인 경영 기간 동안 발생할 수 있는 치명적인 위험에 대비하는 것이다. 법인 대표는 한 가정의 가장이자 법인의 가장 역할도 하고 있다. 그래서 법인 대표는 가정과 법인에 대한 이중의 안전망이 필요하다. 이를 대비할 수 있는 장치가 법인 임원의 유족보상플랜이다. 과거에는 임원 및 사용인의 사망 시 근로자로 인정되지 않아서 유가족에게 지급하는 보상금이나 학자금 등에 손금을 불인정했지만 2015년 2월 3일부터는 손금산입을 허용하고 있다.

하지만 여기에는 일정한 요건이 필요하다. 첫 번째는 일시에 지급하는 금액이어야 한다. 두 번째는 사용인 및 임원 사망 이전에 정관, 주주총회 또는 이사회 결의에 따라 결정된 위로금 지급기준에 따라 지급하는 금액이어야 한다. 세 번째는 사용인과 임원에게 공통으로 적용되어야 한다. 결국 이러한 혜택을 누리려면 정관 변경이 필요하다. 정관을 정비했다면 유족보상금의 재원을 마련해야 한다. 이때 최적의 방법이 바로 보험이다. 대표나 임원이 사망했을 때 유족보상금을 보험금으로 지급하면 저렴한 비용으로 유족보상금 재원을 마련할 수 있다.

Q5

법인 자산의 승계를 위한 배당정책은
어떻게 컨설팅할까?

❶ "매년 배당은 실시하고 있나요? 배당을 실시하지 않는 특별한 이유가 있나요?"

❷ "연간 금융소득과 배당소득을 합산하여 2,000만 원까지는 15.4%로 원천징수하지만 고액으로 배당을 하게 되면 2,000만 원을 초과한 배당금에 대해서는 다른 소득과 합산하여 종합과세하므로 소득세 과표가 높은 경우에는 절반 정도를 세금으로 내야 하는 문제가 있습니다."

❸ "적은 배당소득세로 법인의 자금을 가져올 수 있고, 자녀가 지분을 초과해서 받은 배당금을 재원으로 부모의 지분을 인수함으로써 효과적으로 법인승계도 할 수 있는 차등배당정책을 적극 실시해야 합니다."

법인 대표와 상담할 때 적극적으로 던져야 하는 중요한 질문 중 하나가 "배당을 실시하셨습니까?"이다. 대부분의 중소법인은 배당을 실시하지 않는다. 그 이유는 다양하다.

첫째는 법인의 당기순이익이 많지 않아 배당할 수 있는 재원이 없는 경우이다. 이 경우는 이익금이 없어 배당을 실시하지 않은 것이기 때문에 문제가 되지 않는다.

둘째는 이익금이 있어도 배당소득세에 대한 부담 때문에 배당을 실시하지 않은 경우다. 배당을 하고 싶어도 세금 때문에 하지 못하는 경우다. 배당소득세는 15.4%로 원천징수한다. 하지만 금융소득과 배당소득을 합산하여 연간 2,000만 원이 넘는 경우, 초과금액에 대해서는 다른 소득과 합산하여 종합과세하기 때문에 종합소득세율이 높은 법인 대표는 높은 세율로 배당소득세를 납부해야 한다. 만약 법인 대표가 근로소득 이외에 다른 소득, 예를 들어 임대소득, 금융소득 등이 많아 과세표준액 기준 5억 원 이상이어서 최고 세율인 42%를 적용받는다면 2,000만 원이 넘는 배당금을 가져올 때 2,000만 원까지는 15.4%로 원천징수하지만 2,000만 원을 초과한 금액에 대해서는 다른 소득과 합산하여 세금을 납부해야 한다. 거기에 지방소득세와 4대 보험료를 감안하면 실제 52% 정도 세금을 부담하게 된다. 즉, 법인으로부터 배당금을 수령하는 대가로 소득의 절반을 세금으로 납부해야 하는 상황이 되어 버린다. 이러한 경우라면 당연히 세금 부담 때문에 배당금을 수령하지 않을 것이다.

셋째는 명의신탁으로 인해 차명주주가 있어 배당을 하고 싶어도 못하는 경우이다. 주식회사는 주주의 지분에 따라 균등하게 배당금을 지급해야 한다. 하지만 차명주주는 실제 지분이 있는 것이 아니기 때문에 차명주주에게 배당금을 지급할 수는 없다. 설사 지급한다고 해도 차명주주에게 세금 문제가 발생하고 지급한 배당금을 다시 회수해야 하는 복잡한 문제가 생긴다. 그래서 배당을 실시하지 못한다. 이러한 경우는 조속히 명의신탁 해지를 통해 지분을 정상화하는 것이 필요하다. 앞서 설명했듯이 배당정책을 실시하지 못하는 문제뿐만 아니라 향후 가업승계에도 큰 걸림돌이 되기 때문에 빠른 시간 내에 해결해야 한다.

한편 과도한 세금 때문에 배당을 실시하지 못하는 법인은 차등배당정책을 적극적으로 활용할 필요가 있다. 차등배당이란 법인 주주들이 지분비율에 따라 균등하게 배당받지 않고, 주주 간 배당금 또는 배당률을 달리하는 것을 의미한다. 지분율이 높은 부모는 배당을 받지 않고 지분율이 낮은 자녀가 배당을 받는 경우가 여기에 해당한다. 예를 들어, 아버지가 70%의 지분을 가지고 있고 두 자녀가 각각 15%씩 30%의 지분을 가지고 있다고 가정해보자. 만약 1억 원을 배당하게 되면 원래는 아버지가 7천만 원, 두 자녀가 3천만 원을 받는 것이 원칙이지만, 주주들의 합의가 있으면 아버지의 지분 70%에 해당하는 배당금 7천만 원을 포기하고 두 자녀에게 지분을 초과한 배당금을 지급하는 것이다. 이렇게 하는 이유는 아버지에 비해 상대적으로 소득세 과표 구간이 낮은 자녀에게 배당금을 집중해서 지급함으로써 훨씬 적은 세금으로 배당금을 가져올 수 있고, 자녀가 받은 배당금을 재원으로 아버지의 지분을 인수하는 과정을 통해 자연스러운 법인 자산 승계도 가능하기 때문이다.

예전에는 초과배당금액에 대한 소득세 부과 여부와 관계없이 증여세를 부과했지만, 세법 및 유권해석을 변경해 일정 금액 이내의 배당에 대해서는 배당받는 자녀에게 소득세만 과세하도록 하고 있다. 부모가 배당을 받아 자녀에게 증여하면 소득세와 증여세를 부담하지만 차등배당을 하면 소득세만 부담하게 된다. 다만, 일정 금액 이상을 배당하는 경우에는 세법 규정에 따라 소득세 부담 이외에 추가 증여세가 과세될 수 있다.

증여세는 초과배당금액(차등배당액 × (최대주주 과소배당액 ÷ 전체 과소배당액))을 기준으로 계산한다. 다만, 배당에 대한 소득세는 부담했기 때문에 증여세가 소득세보다 많이 산정되는 경우에만 증여세를 부과한다.

앞서 설명한 증여세는 증여세 산출세액을 의미하고, 다음 표에 있는 증여세율을 통해 계산할 수 있다. 증여세 산출세액에서 차감하는 소득세는 실제 부담한 소득세가 아닌 소득세 상당액을 말한다.

증여세율

과세표준액	세율	누진공제
1억 원 이하	10%	-
1억 원 초과~5억 원 이하	20%	1,000만 원
5억 원 초과~10억 원 이하	30%	6,000만 원
10억 원 초과~30억 원 이하	40%	1억 6천만 원
30억 원 초과	50%	4억 6천만 원

소득세 상당액은 다음 표로 계산할 수 있다.

소득세 상당액

초과배당금액	세율
5,220만 원 이하	초과배당금 x 14%
5,220만 원 초과~ 8,800만 원 이하	731만 원+(5,220만 원 초과하는 배당금 초과배당금 x 24%)
8,800만 원 초과~ 1억5천만 원 이하	1,590만 원+(8,800만 원 초과하는 배당금 초과배당금 x 35%)
1억 5천만 원 초과~ 3억 원 이하	3,760만 원+(1억5천만 원 초과하는 배당금 초과배당금 x 38%)
3억 원 초과~5억 원 이하	9,460만 원+(3억 원 초과하는 배당금 초과배당금 x 40%)
5억 원 초과	1억7,460만 원+(5억 원 초과하는 배당금 초과배당금 x 42%)

위 표들을 참고로 증여세 산출세액과 초과배당금액에 대한 소득세 상당액이 같아지는 금액을 산정할 수 있는데, 이 말은 해당 금액까지는 차등배당을 실시해도 증여세가 부과되지 않는다는 의미다. 약 53억 원(기존에 증여를 받은 적이 없고 증여를 받는 자가 주식을 한 주만 소유하고 있는 상황을 가정한 것으로, 가정이 달라지면 증여세가 과세되지 않는 배당금액은 변동될 수 있다)까지는 차등배당을 실시해도 추가로 증여세가 과세되지 않는다.

결과적으로 부모가 배당을 받은 후 자녀에게 다시 증여하는 것보다 차등배당을 하는 것이 적은 세 부담으로 같은 효과를 낼 수 있다. 다만, 증여세가 과세되지 않는 배당금액에 제한이 있고 검토해야 할 상법과 세법 이슈, 준수해야 하는 절차가 존재하기 때문에 전문가와 상담하고 의사결정을 하는 것이 좋다고 설득해야 한다.

이러한 차등배당정책으로 받은 배당금으로 부모의 법인 지분을 양수양도해나가면 부모의 지분은 서서히 줄어들고 자녀의 지분은 증가하게 된다. 그러면 가업승계 요건을 갖추지 못한 법인이라도 차등배당정책을 통해 법인의 지분을 승계할 수 있게 된다. 그리고 차등배당으로 자녀가 받은 초과배당금은 증여세 10년 합산에서 제외되기 때문에 개인 자산의 승계전략에도 매우 효과적이다.

또한 초과배당금의 재원으로 부모를 피보험자로 하는 종신보험의 보험료 납부 재원으로 활용한다면 상속세를 대비하는 최적의 솔루션이 될 수 있다. 이러한 배당정책은 법인만 가능하기 때문에 개인사업자들은 자산승계 과정에서 이 배당정책을 활용하기 위해 법인 설립 및 전환을 적극 고려한다.

FC는 개인사업자의 이러한 니즈를 파악하여 단순히 절세를 위한 법인 전환이 아니라 향후 자산승계 과정에서 가업승계 특례의 혜택을 받을 수 있고, 배당정책을 통해 지분을 서서히 자녀에게 이전할 수 있다는 이점을 고려해 의사결정을 해야 한다고 설득하면 된다.

Q6

법인승계를 위한
합리적인 대안은?

❶ "법인을 승계하는 과정에서 가장 큰 걸림돌은 상속, 증여세입니다. 사전 준비가 없으면 세금 부담뿐만 아니라 법인의 경영권까지 뺏길 수 있습니다."

❷ "법인승계는 먼 훗날의 이야기라는 생각으로 준비하지 않고, 자녀가 경영권을 이어받지 않을 수 있다는 생각에 고려조차 하지 않는 경우가 많은데 이것은 바람직하지 못합니다. 왜냐하면 가업승계를 통한 세금혜택을 받기 위해서는 기본적으로 10년 전부터 요건을 갖추기 위한 준비가 필요하고 설사 자녀가 법인의 경영권을 이어받지 않는다 하더라도 법인 대표가 보유하고 있는 지분승계로 인한 상속세 문제는 여전히 존재하기 때문에 중·장기간에 걸친 준비가 필요합니다."

❸ "정부에서 중소기업과 중견기업에 한해 가업의 효율적 승계를 위해 세금에 대한 감면 혜택을 주고 있는데, 이러한 '가업승계 지원제도'를 적극 활용해야 합니다."

개인 자산을 이전할 때 발생하는 세금도 문제지만, 법인 대표는 기업을 자녀에게 물려주어 사업을 계속하고자 할 때 상속세 때문에 회사의 지분을 매각해야 하는 상황이 생길 수도 있다. 이로 인해 경영권까지 뺏기게 되는 경우까지 발생할 수 있는데, 통계에 의하면 기업주 입장에서 경영권 승계에서 가장 큰 애로사항은 상속 및 증여에 따른 조세부담이라고 한다. 이러한 문제점을 개선하고자 정부에서는 중소기업을 승계하는 과정에서 발생하는 상속세와 증여세의 부담을 줄여주면서 법인 승계에 어려움이 없도록 지원해주고 있다.

법인 대표라면 가업승계에 대해 한두 번쯤은 들어본 경험을 가지고 있다. 하지만 먼 훗날 이야기라고 생각하면서 아무 준비도 하지 않고, 자녀가 법인을 이어받지 않을 수 있다는 생각에 고려조차 하지 않는 경우가 많다. 하지만 다시 생각해봐야 한다. 왜냐하면 가업승계로 세금혜택을 받으려면 기본적으로 10년 전부터 요건을 갖추기 위한 준비가 필요하고, 설사 자녀가 법인의 경영권을 이어받지 않는다 해도 법인 대표 보유지분승계로 인한 상속세 문제는 여전히 남기 때문에 중·장기간에 걸친 준비가 필요하다.

법인을 승계하는 전략은 크게 두 가지로 나눌 수 있다. 첫 번째는 정부의 '중소기업의 가업승계특례제도'를 활용하여 상속재산에서 법인 자산을 제외시키는 방법이고, 두 번째는 가업승계 조건을 갖추지 못해도 쓸 수 있는 '차등배당정책'을 활용한 승계전략이다. 차등배당을 통한 법인 대표의 지분승계 전략은 이미 배당정책에서 살펴보았기 때문에 생략하고, 첫 번째 방법인 '가업승계특례제도'를 활용한 전략을 중심으로 살펴보겠다.

정부는 가업승계 지원제도를 통해 중소기업과 중견기업에 한해 가업의 효율적 승계를 위해 세금 감면 혜택을 주고 있는데, 이는 중소기업을 활성화하고 아울러 가업으로 이어나가고자 하는 기업을 지원하기 위한 제도이다. 이와 관련된 내용을 살펴보자.

◉ 중소기업 가업승계란?

중소기업의 동일성을 유지하면서 상속이나 증여를 통하여 기업의 소유권 또는 경영권을 후계자에게 이전하는 것을 말한다. 부정적인 '부의 세습'이 아니라 기업 입장에서 경영자가 수십 년 동안 쌓아온 기술과 경영 노하우를 확실하게 보전할 수 있는 최적의 방법이다. 가업승계 또는 경영승계는 기업의 경영상태가 지속되도록 소유권 및 경영권을 차세대 경영자에게 물려주는 것과 관련된 모든 사항을 의미하는데, 크게 소유권 승계와 경영권 승계로 구분된다.

중소기업은 소유권과 경영권이 동시에 승계되므로 가업승계는 소유권 승계와 경영권 승계를 모두 포괄하는 개념이라고 할 수 있다. 가업승계는 단순히 재산을 후계자에게 이전하는 것이 아니라, 기업이 오랫동안 축적한 기술과 노하우를 안전하게 보전할 수 있는 대책이라고 할 수 있다. 또한 지속적으로 부가가치를 제공하고, 안정된 일자리를 유지·확대한다는 차원에서 사회적으로 매우 중요한 의미가 있어 지원의 폭이 계속 확대되고 있다.

가업승계와 관련된 세제지원 제도는 2007년 이후로 계속하여 대

폭 개정되었다. 가업승계와 관련된 주요 세제지원 제도를 요약하면
다음과 같다.

◉ 가업상속공제

가업상속공제는 중소기업의 원활한 가업승계를 지원하기 위해 거
주자인 피상속인이 최대주주로서 생전에 10년 이상 계속 영위한 중
소기업을 18세 이상의 상속인에게 정상적으로 상속하는 경우, 가업
상속재산가액에 상당하는 금액(최대 500억 원 한도)을 상속재산에서
공제하여 가업상속에 따른 상속세 부담을 크게 경감시켜주는 제도
이다. 대상기업은 중소기업에서 중견기업까지로 그 범위가 확대되
었다.

◉ 가업승계에 대한 증여세 과세특례

가업승계에 대한 증여세 과세특례는 중소기업 등 경영자의 고령화
에 따라 생전의 계획적인 가업승계를 지원하기 위한 제도이다. 60세
이상인 부모가 10년 이상 계속하여 경영한 중소기업 등의 주식을 자
녀가 증여받아 승계하면, 증여재산가액(최대 100억 원)에서 5억 원을
공제하고 10%(과세표준 30억 원 초과 시 20%)의 낮은 세율로 과세한
후 증여한 부모가 사망하면 증여가액을 상속재산가액에 가산하여

상속세로 정산하는 사전 상속제도이다.

이 제도와 관련하여 "가업상속으로 하면 법인 자산이 상속재산에서 100% 공제되는데 증여세율이 10%로 낮다 하더라도 왜 굳이 사전증여를 해야 하는지 이해가 되지 않아요.", "특히 가업승계를 통한 증여세 과세특례를 통해 사전증여했더라도 어차피 나중에 상속세 계산할 때 모두 합산되는데 사전증여의 효과가 있나요?"라며 의문을 가지는 사람들이 있다. 실제로 법인 대표들이 하는 말이다. 과연 아무런 의미가 없을까? 절대 그렇지 않다.

가업상속을 준비하는 많은 법인을 분석해보면 가업승계를 위한 사전요건은 충족되었으나 상속이 개시되고 난 후 사후관리 조건이 충족되지 않아 상속세를 추가 납부하는 사례가 많다. 사전 조건은 법인 대표가 생존해 있기 때문에 그 조건을 갖추고 관리할 수 있지만 사후요건은 법인 대표 유고 이후에 진행되기 때문에 관리하고 통제할 수 있는 영역을 벗어나 사후요건을 충족하기가 어렵다. 사후관리는 10년 동안 받게 되는데 법인을 계속 유지하면서 고용인원도 유지하고, 법인 자산을 일정비율 이상 매각하지 못하는 등 조건이 매우 까다롭다. 이로 인해 법인 대표 유고 이후 법인을 승계받은 자녀가 법인을 제대로 경영하지 못해 가업승계 혜택을 받지 못하는 경우가 많다. 이러한 문제점을 해결하려면 법인 대표 생전에 가업승계를 위한 사전증여를 실시하고, 후계자 수업을 동시에 진행하면서 가업승계를 통한 증여세 과세특례를 활용해야 한다.

또한 사전증여한 법인 자산은 향후 상속재산에 다시 합산되지만 상속시점의 평가액이 아니라 현재 사전증여하는 시점의 가액으로 합산되기 때문에 법인의 한 주당 가치가 상승한 부분에 대해서는 절세 혜택을 받을 수 있다. 세율도 30억 원 이상인 경우 일반 증여로 하면 50%이지만 특례를 활용하면 10%로 증여할 수 있고, 사전증여재산 10년 합산에서 배제될 수 있기 때문에 법인승계를 전략적으로 활용할 필요가 있다고 적극 설득해야 한다.

◉ 창업자금 증여세 과세특례

중소기업 창업을 목적으로 증여받을 경우 5억 원까지는 증여세를 내지 않고 30억 원 한도 내에서 일반 증여세율(최고 50%)보다 낮은 세율(10%)로 과세하는 제도이다. 예컨대 30억 원을 증여받으면 5억 원을 제외한 25억 원에 대해 10%인 2억 5,000만 원을 세금으로 납부하면 된다. 2016년 세법개정으로 창업을 통해 10명 이상의 신규 고용을 창출할 경우 세제혜택 한도가 30억 원에서 50억 원으로 증가하였다. 이 제도는 청년실업 문제를 해결하고 고용을 증가시키기 위한 것으로 그 지원 혜택의 폭이 계속 확대되고 있다.

창업자금 증여세 과세특례 또한 가업승계를 위한 증여세 과세특례와 동일하게 상속시점에 상속재산에 합산되지만 창업으로 자산가치가 증가하면 상속시점의 재산 평가액이 아닌 사전증여 시점의 창업자금지원 가액으로 합산되기 때문에 유리하다. 또한 가업승계를 위한 증여세 과세특례와 동일하게 사전증여 재산 10년 합산에서 제외되기 때문에 자산의 승계전략으로 적극 권할 만하다. 특히, 이 특례는 법인이 아닌 개인사업자도 활용할 수 있는 제도이므로 자산가와의 상담에 적극 활용할 필요가 있다.

한편, 중소법인인 경우 '중소기업 최대주주의 할증평가 배제'의 혜택도 받을 수 있음을 체크해두자. 이는 중소기업의 최대주주가 보유한 주식을 상속·증여하는 경우, 최대주주 지분이 50%를 초과하면 주식가액 15%(지분 50% 이하의 경우 10%)를 할증평가하는데, 2020년 12월 말까지 중소기업 주식에 한해 할증평가를 배제하는 제도이다(세법 개정으로 2020. 1. 1. 이후에는 일반 기업은 지분에 관계없이 20% 할증하고, 중소기업은 할증하지 않는다).

이상으로 법인을 승계하는 과정에서 적극 활용해야 할 주요 세제지원 혜택과 그 활용 전략에 대해 살펴보았다. FC는 이러한 주요 내용을 숙지하여 자산가와 상담할 때 적극 활용할 필요가 있다. 각각의 구체적인 기준과 내용에 대해서는 다음 질문을 통해 살펴보겠다.

Q7

가업상속공제에서 반드시 알아야 할 것은?

❶ "가업상속공제는 중소기업의 원활한 가업승계를 지원하기 위해 거주자 인 피상속인이 최대주주로서 생전에 10년 이상 계속 영위한 중소기업 을 18세 이상의 상속인에게 상속하는 경우 가업상속재산가액에 상당 하는 금액(최대 500억 원 한도)을 상속재산에서 공제하여 가업상속에 따 른 상속세 부담을 크게 경감시켜주는 제도입니다."

❷ "가업상속공제에서 가장 중요한 부분은 사후관리 요건입니다. 왜냐하면 가업승계를 계획하고 준비하고 있더라도 사후관리 요건을 충족하지 못 하면 상속세가 추가 부과되기 때문에 가업상속에 대한 준비를 단독으로 하는 것이 아니라 '가업승계를 위한 증여세 과세특례', '창업자금을 통 한 증여세 과세특례', '배당정책', '보험을 활용한 상속세 재원 마련' 등 다양한 전략을 병행해서 준비해야 합니다."

❸ "가업상속공제를 적용받는 상속인이 상속개시일 또는 상속이 개시된 사 업연도의 말일부터 10년 이내에 정당한 사유 없이 가업에 종사하지 않 거나, 가업용 자산을 유지하지 않거나, 상속받은 지분을 유지하지 않거 나, 고용을 유지하지 않는 경우 상속인은 사후요건을 위반한 날이 속하 는 날의 말일부터 6개월 이내에 가업상속공제를 적용받은 금액에 기간 별 추징률을 곱하여 계산한 금액을 상속개시 당시의 상속세 과세가액에 산입하여 상속세를 재계산 후 납부해야 합니다."

❹ "세법 개정으로 2020.1.1. 이후 상속이 개시되어 공제받는 분부터는 사후관리 요건의 기간이 현재의 10년에서 7년으로 축소되며, 가업종사 요건은 현재 '소분류 내 업종변경 허용'에서 '중분류 내 업종변경 허용'으로 개정되고, 전문가위원회의 심의를 거친 경우에는 중분류 외 변경도 허용되는 것으로 개정됩니다. 또한 피상속인과 상속인이 상속기업의 탈세 또는 회계부정으로 형사처벌을 받은 경우에는 가업상속공제 혜택을 받지 못하는 것으로 세법이 개정됩니다."

◉ 대상 가업 요건

'소득세법'을 적용받는 가업

소득세법을 적용받는 가업의 가업상속재산은 상속재산 중 가업에 직접 사용되는 토지, 건축물, 기계장치 등 사업용 자산에서 해당 자산에 담보된 채무액을 뺀 가액을 말한다. 사업용 자산이라 함은 상속재산 중 가업에 직접 사용되는 토지, 건축물, 기계장치 등 사업용 고정자산으로서,「기업회계기준」제18조 및 제20조의 유형자산 및 무형자산에서 부채를 차감하지 않은 가액이라고 해석하고 있다. 또한 2017년 2월 7일에 개정된 내용으로, 담보된 채무액을 빼는 규정은 가업상속재산가액과의 형평성을 제고하기 위해 같은 날 이후 상속이 개시되는 분부터 적용된다.

'법인세법'을 적용받는 가업

법인세법을 적용받는 법인가업의 가업상속재산은 상속재산 중 가업에 해당하는 법인의 주식 등의 가액에 그 법인의 총 자산가액 중 상속개시일 현재 '사업무관자산'을 제외한 자산가액이 그 법인의 총 자산가액에서 차지하는 비율을 곱한 금액에 해당하는 것을 말한다. 여기서 '사업무관자산'은 상속개시일 현재 법인의 자산 중 다음에 해당하는 자산을 말한다.

- 법인세법상 비사업용 토지 등
- 법인세법상 업무무관자산 및 타인에게 임대하고 있는 부동산
- 대여금: 대손충당금(회수가 불가능한 채권의 공제를 위해 사용하는 계정)을 설정할 수 있는 채권 중 금전소비대차계약 등에 의해 타인에게 대여한 금액
- 과다보유현금
- 법인이 영업활동과 직접 관련이 없이 보유하고 있는 주식, 채권 및 금융상품

◉ 가업상속공제액

가업상속공제액은 가업상속재산에 상당하는 금액, 즉 100%를 상속세 과세가액에서 공제하며, 그 금액이 200억 원을 초과하는 경우

에는 200억 원을 한도로 하고, 피상속인이 20년 이상 계속하여 경영한 경우에는 300억 원, 피상속인이 30년 이상 계속하여 경영한 경우에는 500억 원을 한도로 한다.

　피상속인이 두 개 이상의 다른 기업을 영위하던 중 사망한 경우 해당 기업이 가업에 해당하는지 여부는 각각 판단한다. 다음 쪽에서 언급하는 '가업상속공제 사전요건'을 모두 충족한 경우로서 상속인 요건을 충족한 상속인들(2016. 2. 4. 이전 상속분의 경우 상속인 1명)이 모두 상속받는 경우에 가업상속공제가 적용된다. 다만, 상속인들 중 가업상속인이 한 개의 가업을 상속받고 상속세 과세표준 신고를 할 때 한 개의 가업에 대해서만 가업상속 사실을 입증할 수 있는 서류를 제출하면 그 제출한 가업에 대해서만 가업상속공제를 적용한다. 그 때문에 두 개 이상의 가업이라면 가업별로 자녀들에게 각각 상속이 가능하다. 여기서 신고된 가업 외에 다른 상속인이 상속받은 가업재산에 대해서는 가업상속공제가 적용되지 않는다는 점에는 유의해야 한다. 또한 가업상속공제액이 500억 원 한도로 상향됨에 따라 두 개 이상의 가업을 상속인 한 명이 모두 상속받으면서 가업 영위기간이 각기 다른 경우, "가업상속공제 대상이 되는 두 개 이상의 기업을 상속인 한 명이 전부 상속받은 경우 가업상속공제금액은 피상속인이 계속하여 경영한 기간이 가장 긴 기업을 기준으로 적용한"「상속세 및 증여세법」 제18조 제2항 제1호 가목의 금액을 공제한도로 한다.

따라서 2016년 2월 5일 이후 상속개시분부터는 상속인들이 공동으로 가업을 상속받아도 가업상속공제가 인정되어 두 개 이상의 가업을 상속받고 가업상속공제를 적용받을 수도 있다.

◉ 가업상속공제 사전요건

가업규모 및 업종요건

가업상속공제를 적용받기 위해서는 상속개시일 직전 과세연도 말 현재, 다음 요건에 해당되는 중소기업이나 중견기업(규모의 확대 등으로 중소기업에 해당하지 않게 된 기업)이어야 한다.

가업경영기간 요건

피상속인은 10년 이상 계속해서 가업을 경영해야 한다. 이는 피상속인이 상속개시일까지 사실상 계속해서 경영한 경우를 말한다. 여기서 경영이란 단순히 지분을 소유하는 데 그치지 않고 가업의 효율적인 관리 및 운영을 위해 실제 참여한 경우를 의미한다.

또한 2014년 2월 21일 이후 상속개시분부터는 피상속인의 대표이사 등 재직요건을 완화하여 피상속인이 10년 이상 대표이사나 대표자로 재직한 후 상속인이 대표이사 등의 직을 승계하여 상속개시일까지 계속 재직한 경우 피상속인이 요건을 충족한 것으로 본다. 이 경우에는 상속개시일 현재 피상속인이 가업에 종사하지 않더라도 가업상속공제를 적용받을 수 있다.

최대주주지분 요건

피상속인이 법인 주주인 경우 피상속인은 최대주주로서 그와 특수관계인의 주식을 합해 총 발행주식 수의 50%(상장법인의 경우 30%) 이상을 10년 이상 보유해야 한다. 여기서 '최대주주 등'이란 주주 1인 및 그와 특수관계에 있는 주주가 보유하고 있는 의결권이 있는 주식 등을 합하여 그 보유주식 등의 합계가 가장 많은 경우의 해당 주주 등과 그의 특수관계인 모두를 의미한다. 따라서 피상속인과 그 특수관계인의 보유주식 등을 합해 최대주주 등에 해당하면 피상속인 및 그와 특수관계에 있는 자 모두를 최대주주 등으로 보는 것이기 때문에 피상속인의 지분이 가장 크지 않더라도 다른 요건을 모두 충족했다면 가업상속공제가 적용된다.

또한 이러한 주식보유 요건은 상속개시일 전 피상속인의 가업영위 기간 중 10년 이상 계속 충족해야 하는 것으로, 피상속인의 10년 이상 주식보유 요건을 충족한 상태에서 실제 가업을 운영한 기간을 기준으로 가업영위 기간을 판단하는 것이 맞다.

피상속인 요건

가업상속공제는 상속개시일 현재 거주자인 피상속인이 대표이사 등으로 재직한 경우로, 다음 중 어느 하나에 해당되어야 한다.

- 가업 전체 영위기간 중 50% 이상을 대표이사 등으로 재직한 경우
- 피상속인이 상속개시일부터 소급하여 10년 중 5년 이상의 기간을 대표이사 등으로 재직한 경우
- 가업 전체 영위기간 중 10년 이상을 대표이사 등으로 재직한 후 상속인이 승계하여 상속개시일까지 계속 대표이사 등으로 재직한 경우

상속인 요건

상속개시일 현재 상속인이 18세 이상인 거주자이어야 하고, 상속개시일 전에 2년 이상 직접 가업에 종사하여야 한다. 여기서 상속개시일 전 2년 이상 가업에 종사한다는 의미는 상속개시일 전 상속인 및 그 배우자가 직접 가업에 종사한 기간을 합하여 2년 이상인 경우를 의미한다. 피상속인이 65세 이전에 사망하거나 65세를 넘어 사망한 경우라도 천재지변, 화재, 인재 등 부득이한 사망 사유가 있는 경우에는 가업종사 기간이 2년 미만이어도 예외적으로 가업상속공제가 가능하다.

또한 상속개시일 2년 전부터 계속 가업에 종사하다가 상속개시일부터 소급하여 2년에 해당하는 날부터 상속개시일 사이에 상속인이 병역의무, 질병 요양, 취학 등을 한 기간은 가업에 종사한 기간으로 간주한다.

공동상속의 허용

2016년 2월 5일 「상속세 및 증여세법 시행령」을 개정할 때 상속인 1인이 가업을 전부 상속해야 하는 요건이 삭제되었다. 즉, 2016년 2월 5일 이후 상속개시분부터는 다수의 상속인 중 상속인 요건을 충족한 다른 상속인들이 공동으로 가업을 상속받는 경우 가업상속공제가 가능해졌다. 이는 과거 1인에게 단독 상속되었을 경우 다른 자녀의 유류분 반환청구(상속인의 법정상속 지분보다 적게 상속받게 된 경우 법원에 청구를 통해 법정 상속지분의 1/2을 반환받을 수 있는 제도)가 경영권 승계를 어렵게 만들면서 개정된 것이다.

임원 및 대표이사 등 취임요건

상속인 및 그 배우자는 상속세 신고기한(사망일이 속하는 달의 말일부터 6개월)까지 임원으로 취임하고, 신고기한부터 2년 이내에 대표이사(대표자 포함)로 취임하여야 한다.

상속인의 배우자가 요건을 갖춘 경우 인정

2014년 2월 21일 이후 상속개시분부터는 상속인의 배우자(피상속인의 사위, 며느리)가 상속인의 요건을 모두 충족하는 경우에도 가업상속공제를 적용받을 수 있다.

◉ 가업상속공제 사후요건

가업상속공제를 적용받는 상속인이 상속개시일 또는 상속이 개시된 사업연도의 말일부터 10년 이내에 정당한 사유 없이 가업에 종사하지 않거나, 가업용 자산을 유지하지 않거나, 상속받은 지분을 유지하지 않거나, 고용을 유지하지 않는 경우 상속세를 재계산 후 납부해야 한다. 상속세 재계산은 상속인이 사후요건을 위반한 날이 속하는 날의 말일부터 6개월 이내에 가업상속공제를 적용받은 금액에 기간별 추징률을 곱하여 계산한 금액을 상속개시 당시의 상속세 과세가액에 산입한다.

이 경우 신고 및 납부불성실 가산세는 부과하지 않는다. 다만, 사후관리 요건을 충족하지 못해 상속세를 부과하는 경우에도 2016년 12월 31일 이전의 상속개시분에 대해서는 별도의 이자를 납부하는 규정이 없었지만, 2016년 말 「상속세 및 증여세법」의 개정으로 2017년 1월 1일 이후 상속개시분부터는 일정한 이자를 추가로 납부해야 한다.

가업상속공제에서 가장 중요한 부분은 사후관리 요건이다. 가업승계를 계획하고 준비하고 있더라도 사후관리 요건을 충족하지 못하면 상속세가 추가로 부과되기 때문이다. 그래서 가업상속 준비는 '가업승계를 위한 증여세 과세특례', '창업자금을 통한 증여세 과세특례', '배당정책', '보험을 활용한 상속세 재원 마련' 등 다양한 전략을 병행해서 준비해야 함을 설득해야 한다.

가업종사 요건

가업상속공제를 받은 상속인은 상속개시일로부터 10년 이상 가업에 종사해야 한다. 다만, 정당한 사유가 있는 경우는 제외한다.

- 가업에 종사하지 않는 경우의 범위
  - 상속인이 대표이사 등으로 종사하지 않는 경우.
  - 가업의 주된 업종(둘 이상의 업종을 영위하는 경우에는 둘 중 수입 금액이 큰 업종을 주된 업종으로 한다)을 변경하는 경우. 다만, 2016년 2월 5일 이후 상속개시분부터는 「한국표준산업분류」에 따른 소분류 내에서 업종을 변경하는 경우에는 업종 변경으로 보지 않는다. 하지만 이 경우에도 상속개시일 현재 영위하고 있는 소분류 내 업종의 매출액이 매 사업연도 종료일 기준 30% 이상을 유지해야 한다.
  - 해당 가업을 1년 이상 휴업(실적이 없는 경우 포함)하거나 폐업하는 경우.
- 가업에 종사하지 않아도 추징하지 않는 정당한 사유
  - 가업상속재산을 국가 또는 지방자치단체에 증여하는 경우.
  - 가업상속을 받은 상속인이 사망하는 경우.
  - 상속인이 법률 규정에 따른 병역의무 이행, 질병 요양, 취학 등으로 가업에 직접 종사할 수 없는 부득이한 사유가 있는 경우. 다만, 가업으로 상속받은 재산을 처분하거나 부득이한

사유 종료 후 가업에 종사하지 않는 경우에는 정당한 사유로 보지 않는다.

가업용 자산 유지 요건

가업상속공제를 받은 상속인이 상속개시일부터 10년 이내에 가업용 자산의 20%(5년 내에 10%) 이상을 처분하지 않아야 한다. 가업용 자산이란 「소득세법」을 적용받는 경우는 상속재산 중 가업에 직접 사용되는 토지·건축물·기계장치 등 사업용 자산을, 「법인세법」을 적용받는 경우는 법인의 사업에 직접 사용되는 사업용 고정자산(사업무관자산 제외)을 말한다.

지분 유지 요건

가업상속공제를 받은 상속인은 상속개시일로부터 10년 이상 상속받은 주식지분을 유지하여야 한다. 다만, 정당한 사유가 있는 경우와 상속인이 상속받은 주식 등을 물납하여 지분이 감소한 경우는 제외하되 상속인은 최대주주 등에 해당하여야 한다.

- 지분이 감소된 경우

  상속개시일로부터 10년 이내에 주식의 처분 등으로 지분이 감소한 경우를 말하며, 구체적으로 다음과 같은 경우를 포함한다.
  - 상속인이 상속받은 주식 등을 처분하는 경우.

- 해당 법인이 유상증자할 때 상속인의 실권 등으로 지분율이 감소한 경우.
- 상속인의 특수관계인이 주식 등을 처분하거나 유상증자할 때 실권으로 상속인이 최대주주가 안 되는 경우.

- 상속인의 지분이 감소한 정당한 사유
  - 합병·분할 등 조직변경에 따라 주식 등을 처분하는 경우이다. 다만, 처분 후에도 상속인이 합병법인 또는 분할신설법인 등 조직변경에 따른 법인의 최대주주 등이어야 한다.
  - 해당 법인의 사업 확장 등에 따라 유상증자할 때 상속인의 특수관계인 외의 자에게 주식을 배정함에 따라 상속인의 지분율이 낮아지는 경우이다. 다만, 상속인이 최대주주 등이어야 한다.
  - 상속인이 사망한 경우이다. 다만, 사망한 자의 상속인이 원래 상속인의 지위를 승계하여 가업에 종사하는 경우에 한한다.
  - 주식 등을 국가 또는 지방자치단체에 증여하는 경우.
  - 「자본시장과 금융투자업에 관한 법률」 제390조 제1항에 따른 상장규정의 상장요건을 충족하기 위해 지분이 감소하는 경우이다. 다만, 상속인이 최대주주 등에 해당해야 한다.

근로자 유지 요건

상속이 개시된 사업연도 말부터 매년 말 정규직 근로자 수의 평균

고용인원이 기준 고용인원의 80% 이상이어야 하고, 10년간 정규직 근로자 수의 전체 평균고용인원이 기준 고용인원의 100% 이상이어야 한다. 중견기업은 120% 이상이어야 한다.

사후요건 위반과 상속세 과세

상속인이 가업상속공제를 적용받은 후 정당한 사유 없이 사후요건을 위반하면 공제받은 가업상속공제액에 대해서는 상속개시 당시의 상속세 과세가액에 산입해 상속세를 부과한다. 다만, 가업상속공제 사후관리기간 내에 각 요건을 위반한 경우에도 7년 이상 유지한 경우 그 유지기간에 따라 단계적으로 기간별 추징률을 차등 적용하여 추징세액을 경감하고 있다. 이는 사후관리 기간 10년이 긴 편이라 유지기간을 고려해준 것이다. 이 경우 2016년 12월 31일까지는 사후관리 위반에 대해 납세의무자에게 신고의무를 부여하고 있지 않았기 때문에 「국세기본법」 제47조의 3 및 같은 법 제47조의 5에 따른 가산세는 부과하지 않았지만, 2017년 1월 1일 이후 개시하는 소득세 과세기간 또는 법인세 사업연도부터는 일정한 이자상당액을 상속세에 가산하고 있다(상증법 제18조 제5항). 사후요건 유지 기간별 추징률은 다음과 같다.

- 7년 미만 100% / 7년 이상 8년 미만 90% / 8년 이상 9년 미만 80% / 9년 이상 10년 미만 70% / 10년 이상 사후관리 종료

가업상속공제재산의 양도 시 양도소득세 이월과세

종전까지는 피상속인이 재산을 취득하여 보유하던 중 상속이 개시된 경우 피상속인의 보유기간 중 증가된 재산의 가치에 대해서는 상속세만 과세되고, 상속인이 그 재산을 양도하는 경우 양도가액에서 간주취득가액(상속개시일 현재의 가액)을 차감하여 양도소득세를 과세하고 있었지만, 가업상속공제가 적용된 재산의 경우에는 상속개시 시점에서 최대 500억 원까지 가업상속공제를 받아 상속세가 과세되지 않기 때문에 피상속인이 얻은 자본이득이 과세되지 않는 문제점이 있었다.

이에 따라 가업상속공제액을 받은 경우 이에 상당하는 자본이득에 대해서는 상속인이 가업상속재산을 양도할 때 양도차익에 추가하여 상속세가 과세되지 않은 부분에 대해 양도소득세를 과세하는 양도소득세 이월과세 제도를 도입하였다.

다만, 가업상속공제를 적용받은 후 10년 이내에 해당 자산을 양도하는 경우 사후관리 위반으로 공제받았던 상속세가 추징되는데, 이 때 양도소득세는 이월과세를 적용하여 가업상속공제에 해당하는 양도차익에 대해 과세하되 그에 따라 증가된 양도소득세를 상속세 추징세액에서 공제하도록 하였다. 또한, 양도소득세 이월과세는 사후관리 기간뿐 아니라 상속개시일로부터 양도일까지의 기간에 관계없이 적용되는 것임에 유의하여야 한다.

가업상속공제의 신청

가업상속공제를 적용받으려면 가업상속 사실을 입증할 수 있는 다음의 서류를 첨부하여 상속세과세표준 신고와 함께 납세지 관할 세무서장에게 제출하여야 한다.

- 가업상속재산 명세서
- 최대주주에 해당하는 자임을 입증하는 서류(법인 가업의 경우)
- 주식평가내역과 사업무관 자산가액을 확인할 수 있는 입증서류 (법인 가업의 경우)
- 기타 상속인이 당해 가업에 직접 종사한 사실을 입증할 수 있는 서류

이 경우 납세지 관할 세무서장은 가업상속공제의 적정 여부와 가업상속공제를 받은 상속인이 상속개시일로부터 10년 또는 5년 이내에 정당한 사유 없이 가업용 자산을 처분하는지 여부 등을 매년 관리하고 위반사항 발생 시 상속세를 추징한다.

Q8

가업승계 관련 증여세 과세특례에서 반드시 알아야 할 것은?

❶ "가업승계에 대한 증여세 과세특례는 중소기업 등 경영자의 고령화에 따른 생전의 계획적인 가업승계를 지원하기 위한 제도입니다. 60세 이상인 부모가 10년 이상 계속하여 경영한 중소기업 등의 주식을 자녀가 증여받아 승계하면, 증여재산가액(최대 100억 원)에서 5억 원을 공제하고 10%(과세표준 30억 원 초과 시 20%)의 낮은 세율로 과세합니다. 이후 증여한 부모가 사망하면 증여가액을 상속재산가액에 가산하여 상속세로 정산하는 특례가 사전 상속제도입니다."

❷ "가업승계에 대한 증여세 과세특례와 관련해서는 다음 사항을 유의해야 합니다. 우선 증여시기에 관계없이 상속재산에 가산됩니다. 그리고 가업승계 주식가액 외의 일반 증여재산가액과는 합산되지 않으며, 창업자금에 대한 증여세 과세특례와 중복적용은 안 됩니다."

◉ 가업승계 증여세 과세특례 적용대상

가업승계 증여세 과세특례는 가업승계를 목적으로 한 법인의 주식이 적용대상이며, 개인사업자의 토지, 건축물, 기계장치 등의 사업용 자산은 적용대상이 아니다.

● 가업승계 증여세 과세특례 내용

가업승계를 목적으로 주식 등을 증여받아 증여세 과세특례를 적용받을 수 있는 금액은 그 주식 등의 가액 중 「상속세 및 증여세법 시행령」 제15조 제5항 제2호를 준용하여 계산한 '가업자산상당액'에 대한 증여세 과세가액 100억 원을 한도로 한다. 이 경우 100억 원을 초과하는 주식 등의 가액은 일반 증여로 보아 증여재산공제를 적용 후 10%~50%의 초과누진세율을 적용하여 계산한다.

종전에는 증여세 과세특례대상 증여가액은 가업에 해당하는 법인의 주식가액 중 증여받은 주식가액 전부로 계산하였지만, 증여재산 중 가업과 관련된 사업용 자산에 한정하여 지원하기 위해 가업에 해당하는 법인의 주식 등의 가액에 그 법인의 총 자산가액 중 증여일 현재 '사업무관자산'을 제외한 자산가액이 그 법인의 총 자산가액에서 차지하는 비율을 곱해서 계산한 금액을 '가업자산상당액'으로 계산하도록 변경되었다. 사업무관자산의 범위에 대해서는 앞서 설명한 '가업상속공제'와 동일하다.

또한 증여세 과세특례 시 적용하는 과세표준 및 세율은 증여세 과세가액에서 5억 원을 공제하고 10%(과세표준 30억 원 초과액에 대해서는 20%)의 낮은 세율로 증여세를 부과한다.

● 가업승계에 대한 증여세 과세특례의 사전요건

가업규모 및 업종요건

가업승계에 대한 증여세 과세특례의 가업규모 및 업종요건은 '가업상속공제'와 동일하다. 가업승계에 대한 증여세 과세특례를 적용받기 위해서는 「상속세 및 증여세법」 제18조 제2항 제1호에 따른 가업에 해당하는 법인의 주식 등을 증여받아야 한다. 「상속세 및 증여세법」 제18조 제2항 제1호에 따른 '가업'이란 아래와 같은 요건을 충족한 가업을 말하는 것으로, 이 경우 '피상속인'은 '부모'로, '상속인'은 '거주자'로 보아 해당 요건을 판단한다.

- 자산 5천억 원 미만의 중소기업 또는 직전 3개 사업연도 평균 매출액이 3천억 원 미만인 중견기업이어야 한다.
- 부모가 10년 이상 계속 경영한 기업이어야 한다.
- 부모가 최대주주 등으로서 10년 이상 계속하여 그와 특수관계인의 지분을 합하여 50%(상장법인은 30%) 이상을 보유해야 한다.
- 종전에 최대주주 등 1인으로부터 증여받아 증여세 과세특례를 적용받은 경우가 아니어야 한다.

가업경영기간 요건

증여세 과세특례 적용대상 가업이란 증여자가 10년 이상 계속하여 경영한 기업을 말한다. 이는 증여자가 증여일까지 사실상 계속 경영한 경우를 말하는 것으로, 단순히 지분의 소유를 넘어 가업의 효율적인 관리 및 운영을 위해 실제 가업 운영에 참여한 경우를 말한다.

최대주주지분 요건

증여자는 중소기업 등의 최대주주로서 그와 특수관계인의 주식을 합하여 해당 기업의 총 발행주식 수의 50%(상장법인의 경우 30%) 이상을 계속하여 보유해야 한다. 즉, 최대주주가 증여일 현재 10년 이상 계속하여 50%(30%) 이상을 보유해야 하므로 10년의 기간 중 단한 번이라도 50%(30%) 미만의 지분을 보유한 경우에는 가업승계 증여세 과세특례를 받을 수 없다.

여기서 '최대주주 등'이란 주주 1인 및 그와 특수관계에 있는 주주가 보유하고 있는 의결권이 있는 주식 등을 합하여 그 보유주식 등의 합계가 가장 많은 경우의 해당 주주 등과 그의 특수관계인 모두를 의미한다. 즉, 증여자와 그의 특수관계인의 보유주식 등을 합하여 최대주주 등에 해당하는 경우에는 증여자 및 그의 특수관계인 모두를 최대주주 등으로 본다. 그래서 증여자의 지분이 가장 크지 않은 경우라도 다른 요건을 모두 충족하면 증여세 과세특례를 적용받을 수 있다. 또한 주식보유 요건은 증여일 전 증여자의 가업영위기간 중 10년 이상 계속 충족해야 하는 것으로 증여자의 10년 이상 가업영위기간의 계산은 최대주주지분 요건을 충족한 상태에서 실제 가업을 운영한 기간을 기준으로 판단하도록 하고 있음에 유의해야 한다.

종전에 증여세 과세특례를 적용받지 않은 가업일 것

종전에 증여자가 10년 이상 영위하던 가업의 주식을 증여하여 증여세 과세특례를 적용받은 경우(1차 과세특례)로, 그 당시 최대주주 등에 해당하는 다른 주주가 다시 주식을 증여하는 경우에는 증여세 과세특례(2차 과세특례)를 적용받을 수 있는 가업의 대상에서 제외하고 있다.

따라서 증여세 과세특례를 적용받을 수 있는 가업이란 종전에 증여세 과세특례를 적용받지 않은 가업, 즉 최초로 과세특례를 적용받는 가업이어야 한다. 다만, 종전에 가업을 증여받은 자가 해당 주식을 증여하여 승계받는 경우는 예외로 하고 있다.

증여자 요건

증여자는 60세 이상의 부모로, 그 부모가 각각 10년 이상 계속하여 가업을 경영한 경우에 해당해야 한다. 여기서 유의할 점은 가업상속공제 요건 중 하나인 피상속인의 대표이사 재직요건은 증여세 과세특례를 적용할 때는 필요하지 않다는 점이다. 따라서 대표이사로는 재직하지 않았어도 10년 이상 계속하여 가업을 경영해야 하는데, 지분소유뿐만 아니라 실제 가업 운영에 참여한 경우를 의미한다.

수증자 요건

수증자는 18세 이상의 거주자로, 부모로부터 주식 등을 증여받고 가업을 승계해야 한다. 수증자의 결혼 여부는 관련이 없으며 증여 당시 수증자가 비거주자이면 과세특례를 받을 수 없다.

가업상속의 경우에는 상향식 승계가 가능하기 때문에 부모가 사망했을 때 가업 상속인 요건을 충족한 조부모가 가업상속공제를 적용받을 수 있다. 하지만 증여세 과세특례는 하향식 승계만 가능하기 때문에 자녀가 18세 미만이면 가업승계에 대한 증여세 과세특례를 적용받을 수 없다.

◎ 가업승계에 대한 증여세 과세특례의 사후요건

가업단독승계 및 취임 요건

가업승계 증여세 과세특례는 수증자 1인에 대하여만 적용하며 수증자는 가업을 승계해야 한다. 여기서 '가업을 승계한 경우'란 수증자 또는 그 배우자가 증여세 과세표준 신고기한(증여재산을 취득한 달의 말일부터 3개월)까지 가업에 종사하고 증여일로부터 5년 이내에 대표이사에 취임한 것을 말한다.

가업종사 요건

수증자는 가업승계 후 주식을 증여받은 날부터 7년 이상 가업에 종사하여야 한다.

- 수증자가 가업에 종사하지 않는 경우.
  가업에 종사하지 않는 경우란 수증자가 주식을 증여받은 날부터 7년 이내에 다음의 어느 하나에 해당하게 된 경우를 말한다.
- 수증자가 주식의 증여일로부터 5년 이내에 대표이사로 취임하지 않거나, 증여일로부터 7년까지 대표이사직을 유지하지 않는 경우(수증자가 증여자와 공동 대표이사로 취임하는 경우도 가능).
- 가업의 주된 업종을 「한국표준산업분류」에 따라 소분류를 다른 업종으로 변경하는 경우. 다만, 이 경우 증여일 현재 영위하던 세분류 내 업종의 매출액이 매 사업연도 종료일 기준으로 30% 이상이어야 한다.
- 해당 가업을 1년 이상 휴업(실적이 없는 경우를 포함)하거나 폐업하는 경우로 가업승계 후 경영사정 등으로 폐업하는 경우에도 사후관리 위반으로 보아 증여세를 부과한다.

가업에 종사한 것으로 보는 정당한 사유는 다음과 같다.

- 수증자가 사망한 경우로, 수증자의 상속인이 상속세 과세표준 신고기한까지 당초 수증자의 지위를 승계하여 가업에 종사하는 경우.
- 수증자가 증여받은 주식 등을 국가 또는 지방자치단체에 증여하는 경우.

- 수증자가 법률에 따른 병역의무 이행, 질병 요양, 취학 등으로 가업에 직접 종사할 수 없는 경우. 다만, 증여받은 주식 등을 처분하거나 그 부득이한 사유가 종료된 후 가업에 종사하지 않는 경우는 제외한다.

지분 유지 요건

수증자는 가업승계 후 주식을 증여받은 날부터 7년 이상 증여받은 주식 지분을 유지해야 한다. 「조세특례제한법 시행령」 제27조의 6 제6항에서는 증여받은 주식 지분이 줄어드는 경우, 증여받은 주식의 처분, 유상증자 시 수증자의 실권, 수증자의 특수관계인의 실권 등을 규정하고 있고, 각 경우에 대한 예외를 인정하고 있다. 수증자가 증여받은 주식 지분이 줄어드는 경우는 다음과 같다.

- 수증자가 증여받은 주식을 처분하는 경우.
- 증여받은 주식을 발행한 법인이 유상증자 등을 하는 과정에서 수증자의 실권 등으로 지분율이 낮아지는 경우.
- 수증자와 특수관계에 있는 자의 주식처분 또는 유상증자 시 실권으로 지분율이 낮아져 수증자가 최대주주에 해당되지 않는 경우.

수증자의 지분이 감소한 정당한 사유는 다음과 같다.

- 합병·분할 등 조직변경에 따라 주식 등을 처분하는 경우. 다만,

처분 후에도 수증자가 최대주주에 해당해야 한다.

- 「자본시장과 금융투자업에 관한 법률」 제390조 제1항에 따른 상장규정의 상장요건을 충족하기 위해 지분이 감소하는 경우.

- 해당 법인의 시설투자·사업규모 확장 등에 따른 유상증자로서 수증자의 특수관계인 외의 자에게 신주를 배정하기 위해 실권 하여 수증자의 지분율이 낮아지는 경우. 다만, 그 후에도 수증자 가 최대주주 등에 해당되어야 한다.

- 채무가 출자전환됨에 따라 수증자의 지분율이 감소하였지만, 수증자가 최대주주 등에 해당하는 경우.

- 수증자가 사망한 경우로서 수증자의 상속인이 상속세 과세표준 신고기한까지 당초 수증자의 지위를 승계하여 가업에 종사하는 경우.

- 수증자가 증여받은 주식 등을 국가 또는 지방자치단체에 증여 하는 경우.

◉ 사후요건 위반과 증여세 과세

가업승계에 대한 증여세 과세특례 사후요건을 위반하면 증여세가 추징될 뿐만 아니라 이자상당액도 증여세에 가산하여 부과된다. 증 여세에 가산하여 부과하는 이자상당액은 다음과 같다.

※ 이자상당액 = ① × ② × ③

① 사후관리 위반에 의하여 결정한 증여세액

② 증여주식에 대한 증여세 신고기한의 다음 날부터 추징일까지의 기간

③ 1일 1만 분의 3(연 10.95%)

● 사후관리 위반 시 신고·납부의무

2018년 1월 1일 이후 가업승계에 대한 증여세 과세특례를 적용받은 거주자가 위에서 설명한 사후관리를 위반하게 되는 경우, 그 사유발생일이 속하는 달의 말일부터 3개월 이내에 납세지 관할 세무서장에게 가업승계 증여세 과세특례 추징사유 신고 및 자진납부 계산서를 신고하고, 사후관리 위반에 대한 증여세액에 이자상당액을 가산한 금액을 납세지 관할 세무서, 한국은행 또는 체신관서에 납부해야 한다.

● 가업승계에 대한 증여세 과세특례 신청

가업승계 증여세 과세특례는 증여세 과세표준 신고기한(증여받은 날이 속하는 달의 말일부터 3월 이내)까지 다음의 서류를 첨부하여 증여세 과세표준신고와 '주식 등 특례신청서'를 납세지 관할 세무서장에게 제출하여야 한다.

- 가업법인의 중소기업 기준 검토표
- 가업승계 법인의 증여일 현재와 직전 10년간 사업연도의 주주 현황
- 그 밖에 가업승계 사실을 입증할 수 있는 서류

신고기한까지 특례신청을 하지 않은 경우 가업승계에 대한 증여세 과세특례는 적용되지 않고, 일반증여에 해당되어 증여세가 과세된다.

◎ 가업승계에 대한 증여세 과세특례 시 유의사항

증여시기에 관계없이 상속재산에 가산된다

증여세 과세특례 적용 가업승계 주식 등은 증여자가 사망한 경우 해당 주식 등을 증여받은 날부터 상속개시일까지의 기간과 관계없이 상속세 과세가액에 가산하여 상속세를 정산한다. 그러나 상속공제적용의 한도를 적용할 때에는 상속세 과세가액에 가산한 증여재산가액으로 보지 않는다. 따라서 가업승계를 위한 사전증여분에 대해서는 상속공제의 한도액을 계산할 때 상속세 과세가액에서 빼지 않고 전액 상속공제를 적용받을 수 있다.

상속재산가액에 가산하여 상속세를 과세하는 경우의 증여세액 공제

증여세 과세특례적용을 받은 가업승계주식 등에 대한 증여세액

은 상속세 산출세액에서 공제하지만, 공제할 증여세액이 상속세 산출세액보다 많은 경우 그 차액에 상당하는 증여세액은 환급하지 않는다.

신고세액공제의 배제

가업승계 증여세 과세특례를 적용받은 주식 등에 대한 증여세 과세표준을 신고하는 경우, 분납과 연부연납은 가능하지만 신고세액 공제는 적용하지 않는다. 이것은 가업승계 증여세 과세특례가 적용되어 증여재산가액에서 5억 원을 공제한 금액에 10%(과세표준 30억원 초과 시 20%)의 낮은 세율로 과세하기 때문이다.

가업승계 주식가액 외의 일반 증여재산가액과의 합산과세 배제

일반 증여의 경우, 동일인(증여자가 직계존속인 경우에는 배우자를 포함함)으로부터 10년 이내에 증여받은 증여재산가액의 합계액이 1,000만 원 이상이면 그 가액을 증여세 과세가액에 가산한다. 그러나 증여세 과세특례를 적용받은 주식에 대해 증여세를 부과하는 경우에는 동일인으로부터 증여받은 주식 외의 다른 증여재산의 가액은 가산하지 않는다. 이는 일반 증여와 가업승계에 대한 증여세 과세특례 적용 시 공제되는 금액 및 적용되는 세율이 각각 다르고, 만일 이를 합산 과세한다면 가업승계에 대한 증여세 과세특례의 취지가 없어지기 때문이다.

창업자금에 대한 증여세 과세특례와 중복적용 불가

증여세 과세특례를 적용받은 거주자는 창업자금에 대한 증여세 과세특례규정을 적용하지 않는다. 즉, 증여자가 동일하면 수증자인 거주자가 증여세 과세특례와 창업자금에 대한 증여세 과세특례를 함께 적용받지 못한다. 그러나 증여자가 장남에게는 가업승계주식을 증여하고 차남에게는 창업자금을 증여하는 등 수증자가 다른 경우 각각의 적용은 가능하다.

증여세 과세특례 주식이 상장 등 증여이익에 해당하는 경우

가업승계 증여세 과세특례 대상 주식을 증여받아 증여세 신고를 한 후에 증여받은 주식이 증여받은 날로부터 5년 이내에 상장되어 추가로 증여이익이 발생한다면 상장에 따른 증여 이익은 가업승계 증여세 과세특례 대상 주식의 가액과 추가적인 증여 이익을 합하여 30억 원까지 납세자의 선택에 따라 가업승계 증여세 과세특례를 적용받을 수 있다.

30억 원을 초과하는 금액은 일반 증여에 대한 과세를 적용한다. 이 경우 가업승계 증여세 과세특례의 적용을 받은 증여 이익은 상속세 과세가액의 합산기간 10년을 적용하지 않고 증여받은 날부터 상속개시일까지의 기간에 관계없이 상속세 과세가액에 가산한다.

증여자가 사망했을 때 가업상속공제 가능

증여세 특례대상인 주식 등을 증여받은 후 상속이 개시되면 상속 개시일 현재 다음의 요건을 모두 갖춘 경우에는 가업상속으로 보아 관련규정을 적용한다. 즉, 가업승계 증여세 과세특례를 적용받은 후 증여자의 사망으로 상속이 개시되는 경우, 상속개시일 현재 가업상속의 요건을 갖춘 경우에는 가업상속공제가 가능하며, 공제 후에는 가업상속공제 사후관리가 적용된다.

Q9

창업자금 관련 증여세 과세특례에서
반드시 알아야 할 것은?

❶ "중소기업 창업을 목적으로 증여받을 경우 5억 원까지는 증여세를 물지 않고 30억 원 한도 내에서 일반 증여세율보다 낮은 세율(10%)로 과세하는 제도입니다. 2016년 세법 개정으로 창업을 통해 10명 이상의 신규 고용을 창출하게 되면 세제혜택 한도가 50억 원으로 증가하였습니다."

❷ "창업자금 증여세 과세특례에 의한 증여자금은 상속시점에 상속재산에 합산되지만 창업을 통해 자산가치가 증가한다면 상속시점의 재산평가액이 아니라 사전증여 시점의 창업자금 지원 가액으로 합산되기 때문에 유리합니다."

❸ "사전증여 재산 10년 합산에서 제외되기 때문에 자산의 승계전략으로 매우 효과적입니다. 특히 이 특례는 법인이 아닌 개인의 경우라도 활용할 수 있는 제도이기 때문에 자산승계 과정에서 적극 활용해야 합니다."

❸ "2020.1.1. 이후 증여받는 분부터는 현재의 창업업종 요건인 '제조업 등 31개 업종'에 번역 및 통역 서비스업, 경영컨설팅업, 콜센터 및 텔레마케팅 서비스업 등 세세분류 기준 97개 업종이 추가되었으며, 자금사용기한 요건도 증여일로부터 1년 이내 창업이 2년 이내 창업으로, 3년 이내 창업자금 사용 요건이 4년 이내로 개정되었습니다."

◉ 창업자금에 대한 증여세 과세특례의 적용요건

증여자

증여자는 60세 이상의 부모를 말한다.

수증자

수증자는 창업하고자 하는 18세 이상의 거주자를 말한다.

대상자산

창업자금 과세특례를 적용받으려면 토지·건물 등 양도소득세 과세대상이 아닌 재산을 증여받아야 한다. 창업자금은 다음 중 하나에 해당하는 자금을 말한다.

- 토지와 「법인세법 시행령」 제24조의 규정에 의한 감가상각자산 등 사업용 자산의 취득자금.
- 사업장의 임차보증금(전세금을 포함) 및 임차료 지급액.

◉ 창업의 범위 및 창업자금의 사용기한

창업자금을 증여받은 수증자는 증여받은 날부터 1년 이내에 창업대상 중소기업을 창업해야 한다. 창업이란 「소득세법」 제168조 제1항, 「법인세법」 제111조 제1항 또는 「부가가치세법」 제8조 제1항 및 제5항에 따라 납세지 관할 세무서장에게 등록하는 것을 말한다.

2016년 2월 5일 증여분부터 사업을 확장하는 경우로, 사업용 자산을 취득하거나 확장한 사업장의 임차보증금 및 임차료를 지급하는 경우에도 창업으로 본다.

창업 대상 중소기업이란 2014년 1월 1일 이후 증여분부터 「조세특례제한법」 제6조 제3항 각 호에 따른 업종을 영위하는 중소기업을 말한다.

창업으로 보지 않는 경우

① 합병·분할·현물출자 또는 사업의 양수를 통하여 종전의 사업을 승계하거나 종전의 사업에 사용되던 자산을 인수 또는 매입하여 같은 종류의 사업을 하는 경우.

② 거주자가 하던 사업을 법인으로 전환하여 새로운 법인을 설립하는 경우.

③ 폐업 후 다시 개시한 사업이 폐업 전과 동일한 종류인 경우.

④ 다른 업종을 추가하는 등 새로운 사업을 최초로 개시하는 것으로 보기 곤란한 경우.

⑤ 창업자금을 증여받기 이전부터 영위한 사업의 운용자금과 대체설비자금 등으로 사용하는 경우.

다만, 창업자금 과세특례는 30억 원을 한도로 2회 이상 증여받는 경우에도 적용되기 때문에 창업자금을 증여받아 창업을 한 자가 새로 창업자금을 증여받아 당초 창업한 사업과 관련하여 사용하는 경우 위 ③, ④, ⑤를 적용하지 않고 창업한 것으로 본다.

창업자금의 사용기한

창업자금을 증여받은 자는 증여받은 날부터 3년이 되는 날까지 창업자금 모두를 해당 목적에 사용해야 한다(2020. 1. 1. 이후부터는 4년 이내로 개정됨).

◉ 특례신청

창업자금에 대한 증여세 과세특례를 적용받고자 하는 자는 증여세 과세표준 신고기한까지 증여세 신고서와 함께 납세지 관할 세무서장에게 과세특례신청서(「창업자금 특례신청 및 사용내역서」)를 제출해야 한다. 신고기한까지 특례신청을 하지 않으면 특례를 적용받을 수 없다.

◉ 창업자금에 대한 증여세 과세특례의 사후관리

창업자금에 대한 증여세 과세특례를 적용받은 자가 창업자금 사용명세를 제출하지 않거나 창업하지 않은 경우 또는 창업 목적 외에 사용하는 등에 해당하는 때에는 가산세를 부과하거나 해당 금액에 대해 「상속세 및 증여세법」에 따라 증여세와 상속세를 각각 부과한다. 이 경우 1일 1만 분의 3으로 계산한 이자상당액을 그 증여세에 가산하여 부과한다.

창업자금 사용명세 제출

창업자금을 증여받은 자는 창업일이 속하는 달의 다음 달 말일과 창업일이 속하는 과세연도부터 4년 이내의 과세연도까지 매 과세연도의 과세표준 신고기한 내에 창업자금 사용명세(증여받은 창업자금이 30억 원을 초과하는 경우에는 고용명세를 포함)를 증여세 납세지 관할 세무서장에게 제출해야 한다. 창업자금 사용명세를 제출하지 않거나 제출된 창업자금 사용명세가 분명하지 않은 경우 미제출 가산세를 부과한다.

창업 및 창업자금 사용 등에 대한 사후관리

창업자금을 증여받고 다음의 ①부터 ⑦의 구분에 따른 금액에 대해서는 「상속세 및 증여세법」에 따른 누진세율을 적용하여 증여세를 재계산한 후 부과하며, 이자상당액을 부과한다.

① 1년 이내에 창업하지 않은 경우: 창업자금 전체.

② 창업자금으로 창업 중소기업 등(조특법 제6조 제3항)에 해당하는 업종 외의 업종을 경영하는 경우: 창업 중소기업 등에 해당하는 업종 외의 업종에 사용된 창업자금.

③ 창업자금을 증여받아 1년 이내에 창업을 한 자가 새로 창업자

금을 증여받아 당초 창업한 사업과 관련하여 사용하지 않은 경우: 해당 목적에 사용되지 않은 창업자금.

④ 창업자금을 증여받은 날부터 3년이 되는 날까지 해당 목적에 모두 사용하지 않은 경우: 해당 목적에 사용되지 않은 창업자금.

⑤ 증여받은 후 10년 이내에 창업자금 등(창업으로 인한 가치증가분 포함)을 해당 사업용도 외의 용도로 사용한 경우: 해당 사업용도 외의 용도로 사용된 창업자금 등.

⑥ 창업 후 10년 이내에 해당 사업을 폐업하거나 휴업(실질적 휴업 포함)한 경우 또는 수증자가 사망한 경우: 창업자금(창업으로 인한 가치증가분 포함).

⑦ 증여받은 창업자금이 30억 원을 초과하는 경우로, 창업한 날이 속하는 과세연도의 종료일부터 5년 이내에 각 과세연도의 근로자 수가 일정기준보다 적은 경우: 30억 원을 초과하는 창업자금(여기서 근로자는 「조세특례제한법 시행령」 제27조의 3 제4항에 따른 상시근로자를 말하며, 근로자 수는 해당 과세연도의 매월 말일 현재의 인원을 모두 더하여 해당 월 수로 나눈 인원을 기준으로 계산한다).

증여세가 추징되지 않는 경우

① 다음에 해당하는 경우에는 위의 해당 사업을 폐업하거나 휴업(실질적 휴업을 포함)한 경우로 보지 않는다.

㉠ 부채가 자산을 초과하여 폐업하는 경우.

㉡ 최초 창업 이후 영업상 필요 또는 사업전환을 위하여 1회에 한하여 2년(폐업의 경우에는 폐업 후 다시 개업할 때까지 2년) 이내의 기간 동안 휴업하거나 폐업하는 경우(휴업 또는 폐업 중 어느 하나에 한함).

② 다음은 위의 수증자가 사망한 경우로 보지 않는다.

㉠ 수증자가 창업자금을 증여받고 창업하기 전에 사망한 경우로, 수증자의 상속인이 당초 수증자의 지위를 승계하여 창업하는 경우.

㉡ 수증자가 창업자금을 증여받고 창업한 후 창업 목적에 사용하기 전에 사망한 경우로, 수증자의 상속인이 당초 수증자의 지위를 승계하여 창업하는 경우.

㉢ 수증자가 창업자금을 증여받고 창업을 완료한 후 사망한 경우로, 수증자의 상속인이 당초 수증자의 지위를 승계하여 창업하는 경우.

◉ 창업자금에 대한 증여세 과세특례를 적용할 때의 유의사항

창업자금 증여한도

창업자금은 2회 이상 증여받거나 부(父) 또는 모(母)로부터 각각 증여받을 수 있으며, 그 증여액은 합산하여 증여세 과세가액 30억 원을 한도로 한다.

과세표준 및 세율

창업자금 과세특례를 적용하는 경우 과세표준은 증여세 과세가액 (30억 원 한도, 10명 이상 신규 고용하는 경우 50억 원 한도)에서 5억 원을 공제하여 계산하며, 세율은 10%로 한다. 따라서 과세가액 30억 원(일정 요건 충족 시 50억 원)을 한도로 적용하며, 한도 초과분에 대하여는 과세특례가 적용되지 않으므로 누진세율(10~50%)을 적용하여 증여세를 계산한다.

증여자가 사망할 때 증여시기에 관계없이 상속재산에 가산(창업자금에 대한 상속세 정산)

증여세 과세특례를 적용받은 창업자금은 증여자가 사망한 경우 해당 자금을 증여받은 날부터 상속개시일까지의 기간과 관계없이 상속세 과세가액에 가산하여 상속세를 정산한다. 그러나 상속공제적용의 한도를 적용할 때에는 상속세 과세가액에 가산한 증여재산가액으로 보지 않는다. 따라서 이 경우는 상속공제의 한도액을 계산할 때 상속세 과세가액에서 빼지 않고 전액 상속공제를 적용받을 수 있다.

상속재산가액에 가산하여 상속세를 과세하는 경우의 증여세액공제

증여세 과세특례적용을 받은 창업자금에 대한 증여세액은 상속세 산출세액에서 공제하지만 공제할 증여세액이 상속세 산출세액보다 많은 경우 그 차액에 상당하는 증여세액은 환급하지 않는다.

신고세액공제의 배제

가업승계 증여세 과세특례를 적용받은 주식 등에 대한 증여세 과세표준을 신고하는 경우 분납과 연부연납은 가능하지만 신고세액공제는 적용하지 않는다.

창업자금 외의 일반 증여재산가액과의 합산과세 배제

일반 증여에서 동일인(증여자가 직계존속인 경우 배우자 포함)으로부터 10년 이내에 증여받은 증여재산가액의 합계액이 1,000만 원 이상이면 합산배제 증여재산의 경우를 제외하고는 그 가액을 증여세 과세가액에 가산한다. 그러나 증여세 과세특례를 적용받은 창업자금에 대해 증여세를 부과하는 경우에는 동일인으로부터 증여받은 창업자금 외의 다른 증여재산의 가액은 가산하지 않는다. 다만, 동일한 창업자금에 대한 증여재산은 합산한다.

가업승계에 대한 증여세 과세특례와 중복적용 불가

창업자금에 대한 증여세 과세특례를 적용받은 거주자는 「조세특례제한법」 제30조의 6에서 규정하는 가업승계에 대한 증여세 과세특례규정을 적용하지 않는다. 즉, 증여자가 동일하면 수증자인 거주자가 가업승계 증여세 과세특례와 창업자금에 대한 증여세 과세특례를 같이 적용받지 못한다.

Q10

법인 컨설팅을 통한 성과창출의 사례는
어떤 것이 있나?

❶ 법인 시장은 법인 계약으로만 끝나는 것이 아니라 개인 컨설팅으로 확장
되어 성과가 창출된다.

❷ 개인자산가는 쓸 수 없는 법인의 배당정책과 가업승계특례를 활용하기
위해서 법인으로 전환하거나 신설하는 경우도 많기 때문에 개인 컨설팅
또한 법인 영역으로 확장된다.

◉ 법인 컨설팅으로 시작해서 개인 자금으로 종신보험 월납 5,840만
원 체결한 사례

건설업종에서 법인을 20년 넘게 경영하고 있는 대표를 만났다. 성
실하고 신뢰 있는 경영 덕분에 매출이 지속적으로 증가하고 있는 탄
탄한 법인이었다. 법인 경영에 있어서는 아무 문제가 없었지만 법인
의 규모가 커지면서 향후 법인 승계 과정에서 발생할 수 있는 다양
한 문제들에 대해 고민하고 있었다.

이 법인의 주주구성을 보면, 대표는 과점주주를 피하기 위해 49%
의 지분을 유지해오고 있었고, 나머지 지분은 법인 임원들에게 스톡

옵션의 개념으로 나누어준 지분으로 구성되어 있었다. 법인의 업력은 20년이 넘었지만 가업승계특례를 받기 위한 조건인 최대주주의 지분 50% 이상 보유기간의 요건에는 충족되지 않아 20년의 법인 경영 기간을 인정받지 못하는 상황이었다. 이 문제는 지금부터라도 자녀를 주주로 참여시켜 최대주주 50% 이상 요건을 준비해갈 수 있지만 법인 대표가 가장 걱정하는 것은 가업상속 실행 후 사후 10년간 충족해야 하는 가업승계특례의 사후요건이 문제였다. 또한 지금까지 성장시킨 법인을 자녀들이 잘 이어갈 수 있을지가 고민이었다. 만일 가업승계특례를 받고 난 후 10년 동안 경영이 악화되어 법인이 유지되지 못한다면 가업승계특례의 사후요건을 충족하지 못하게 될 것이고, 세금은 다시 반납해야 하고 심지어는 산출된 상속세에 일정한 이자까지 내야 하는 상황이라 가업승계에 대해 두려움을 가졌던 것이다.

그래서 이 법인 대표는 경영권을 전문경영인에게 승계할 계획을 가지면서 다른 준비는 하고 있지 않았다. 이에 나는 경영권은 전문경영인에게 승계하면 법인은 오랫동안 사업을 영위해 나가겠지만 법인 대표가 보유한 49% 주식의 승계에 따른 상속세에 대한 문제는 여전히 남기 때문에 지금부터 적극적으로 대비할 필요가 있음을 설득했다.

법인 대표는 법인의 현재 가치를 묻는 내 질문에 법인 설립 당시의 액면가대로 대답했다. 그래서 나는 비상장법인 주식가치 평가방법에 따라 현재 법인의 주식 가치를 산정하고 이에 따른 상속세를 시뮬레이션했다.

법인 설립 당시에는 한 주당 가격이 5,000원이었는데, 현재는 한 주당 1,500,000원이 되어 있었다. 현재 가치로 환산한 법인 주식 가치와 개인 소유의 자산을 합산하여 상속세를 계산해보니, 전체 자산의 50%가 세금으로 나가는 것을 눈으로 확인하게 되었다. 법인 자금으로 상속세 재원을 준비하는 방법도 있지만 사망보험금이 법인에 우선 귀속되고 상속인들은 다시 법인으로부터 자금을 받아야 하는 문제, 그 과정에서 발생하는 세금을 고려한다면 개인 자금으로 준비하는 게 바람직하다고 판단하여 사망보험금이 상속재산에 포함되지 않도록 배우자와 자녀를 계약자, 수익자로 하여 종신보험을 준비하였다. 그리고 월 납입보험료 5,840만 원의 자금 출처 소명을 배우자와 자녀가 할 수 있도록 사전증여와 배당정책을 통해 새로운 현금흐름을 만들어주었다.

이 사례는 법인 컨설팅으로 시작했지만 법인의 주식 가치를 새롭게 인식함으로써 상속세 재원 마련에 대한 욕구가 극대화되어 개인 계약으로 마무리한 경우다.

나는 강조하고 싶다. 법인 컨설팅을 한다고 법인 계약만 하는 것이 아니라 개인 계약으로도 연결되는 등 종합적인 성과로 이어진다는 것을. 만일 법인 대표를 만난다면 반드시 현재의 주식 가치를 알고 있는지 확인하기 바란다. 일반적으로 중소법인의 대표는 현재 법인의 주식 가치를 액면가 정도로 알고 있기 때문에 법인 승계 과정에서 발생하는 상속세의 심각성을 깨닫지 못하는 경우가 많다. 법인의 가치를 제대로 인식하는 일련의 과정을 통하면 상속세 대비에 대한 욕구는 극대화될 수 있다.

◉ 개인사업자 법인 전환 컨설팅으로 종신보험 월 2,500만 원 법인 및 개인 계약 체결 사례

부동산 임대업을 주 업종으로 하고 있는 60대 개인사업가에 대한 컨설팅 사례이다. 이분은 회사 퇴직 후 받은 자금으로 건물과 땅을 구입하고 선친으로부터 물려받은 땅에 건물을 지어 임대수익을 받고 있었다. 많은 부동산을 보유하고 있고 고액의 임대료를 받고 있기 때문에 재산세, 종합부동산세, 종합소득세를 최고치로 내고 있는 자산가였다. 그런데 고민이 생겼다. 다주택 보유자 및 부동산 과다 보유자에 대한 정부의 중과세가 강화되고 있고, 향후 상속 시에 재산의 50%가 세금으로 나가며, 특히 부동산 대비 현금성 자산의 비중이 낮기 때문에 상속세 납부 재원이 다른 자산가에 비해 매우 부족하다는 점이었다. 이에 나는 현재 자산을 시뮬레이션해서 상속세를 예상하고 관련 전략들을 소개했다. 자산 대부분이 부동산이기 때문에 향후 상속 시 물납으로 하면 어떤 불이익들이 생길 수 있는지 상세하게 알렸다. 그러자 크게 공감하고 적극적으로 실행하고자 했다.

내가 제안한 전략은 다음과 같다. 우선 개인 명의 자산은 건물과 토지로 구분하여 건물지분을 중심으로 사전증여하여 자녀에게 새로운 현금흐름을 만들어주고 지속적으로 그 재원을 활용한 지분의 이동을 당장 실행하라고 조언했다. 그리고 이 방법만으로는 증여효과가 떨어지기 때문에 일부 자산은 법인으로 전환하여 법인만이 할 수 있는 배당정책을 적극 활용하자고 제안했다.

가장 효과적인 증여전략은 어느 한 가지에 집중하는 것이 아니라 다양한 전략을 동시에 지속적으로 함께 하는 것이 좋다. 이 대표는 제안을 매우 흡족해하면서 개인 자산의 사전증여뿐만 아니라 일부 자산의 법인 전환도 같이 실행하게 되었다. 법인 전환은 포괄양수도 방식으로 진행하였고, 법인 설립 시에 액면가로 자녀를 주주로 참여시켜 초과배당을 할 수 있도록 정관을 변경하고 실행을 도왔다. 그 결과 재산세와 종합부동산세가 대폭 감소했으며, 부동산 임대수입이 대표의 개인소득으로 다 합산되어 5월에 4대 보험료를 포함해 52% 정도 내던 종합소득세도 대폭 감소하게 되었다. 또한 매년 자녀에게 초과배당을 실시하여 대표의 지분을 서서히 넘기는 법인의 승계까지 진행하게 되었다.

부동산 임대 법인은 가업승계특례 업종에 해당되지 않기 때문에 이러한 차등배당정책을 통해 지분을 줄여나가야 할 필요를 명확히 인식하게 된 것이다.

이러한 컨설팅의 결과로 법인 명의의 임원퇴직금과 유족보상금 마련을 위한 종신보험 월납 2,000만 원과 자녀의 지분 참여로 새롭게 발생한 배당수입을 자금 출처로 자녀를 계약자, 수익자로 대표를 피보험자로 하는 종신보험 월 500만 원이 체결되었다.

이외에도 컨설팅 사례들은 다양하다. 차명주주 때문에 어려움을 겪고 있던 법인의 명의신탁 해지를 도와주고 일부 지분은 차명주주와 자녀가 직접 주식의 양수·양도를 통해 주주로 참여시키고 배당정책과 함께 가업승계를 진행할 수 있도록 한 사례, 법인 청산을 앞두고 있는 법인 대표에게 법인 청산 시의 잔존가치에 대한 세금을 줄이기 위해 정관정비를 통해 퇴직금을 지급할 수 있는 근거를 마련하고 보험으로 그 재원을 준비한 사례 등 법인의 상황에 따라 다양한 컨설팅을 진행했다.

여기서 중요한 사실은 법인 시장은 법인 계약으로만 끝나는 것이 아니라 개인 컨설팅으로 확장되어 성과가 창출된다는 점이다. 개인 자산가 시장도 마찬가지다. 법인의 배당정책과 가업승계특례를 활용하기 위해서 개인자산가가 법인으로 전환하기도 하고 새롭게 법인을 설립하는 경우도 많기 때문에 개인 컨설팅으로 국한되지 않는다. 그러니 자산가 시장을 크게 보고 다각도로 접근하면서 마음껏 즐겼으면 한다.

아는 것과 할 수 있는 것의 차이

우리말에 '벼름벼름하다'라는 말이 있다. '마음먹은 일을 이루려고 자꾸 마음속으로 준비를 단단히 하고 기회를 엿본다'라는 뜻이다. 나는 여러분이 두고 보고 벼르기만 하지 않았으면 한다. 이 책을 읽고, 나도 한번 자산가 시장에 도전해봐야겠다고 생각했다면 주저하지 말자. 해보자. 무엇부터 준비해야 하는지, 어떤 주제로 대화해야 하는지, 무엇을 어떻게 공부해야 하는지에 대한 가이드를 받았다면 당장 출발해야 한다. 지금 하지 않으면 나중에는 실행하려고 해도 용기가 나지 않는다.

나는 이 책을 통해 자산가 고객을 설득할 수 있는 효과적인 커뮤니케이션 스킬과 다양한 화법들을 안내했다. 아는 것과 직접 할 수 있는 것은 다르다. 이 책은 한 번 읽고 책장에 꽂아 두는 책이 아니다. 나는 여러분이 이 책을 틈나는 대로 펼쳐보고 실천하는 도구로 활용하기를 바란다.

스킬(Skill)과 테크닉(Technique)은 다르다. 우리에게 필요한 것은 스킬이지 테크닉이 아니다. 테크닉은 사전에 기술, 기교, 기법의 뜻으로 나와 있다. 스킬은 테크닉과 비슷한 의미로 혼용되고 있지만 본래의 뜻은 '숙련'의 의미가 더 강하다. 테크닉이 어떤 일을 수행해낼 수 있는 기술이나 기법이라면, 스킬은 기본 테크닉을 바탕으로 이를 능수능란하게 구사할 수 있는 능력이다. 우리는 어떻게 하면 되는지 아는 테크닉의 수준에 머물러서는 안 된다. '아는 것'이 아니라 능숙하게 '할 수 있어야' 한다. 그러기 위해서는 지속적으로 현장에 접목하고 반복적으로 실천해야 한다. 그래야 '내 것'이 된다.

나는 여러분이 이 책을 도구로 삼아 자산가 시장과 법인 시장의 벽을 넘는 시도를 하길 바란다. 하지만 이 책 한 권으로 자산가 시장을 능숙하게 공략할 수 있다고 장담하지는 못한다. 다만 시장 진입과 거절에 대한 두려움을 극복하고, 자산가, 법인 대표와 상호 신뢰를 조성하며 구체적인 솔루션의 제공에 대한 강한 욕구로 발전시키는 단계까지 가이드를 제공했다고 자부한다. 이 단계 다음에는 고객의 현재 니즈에 합리적인 솔루션을 설계하는 과정이 필요하다. 앞으로 이러한 솔루션을 설계하고 직접 제안서를 작성하는 단계에 대한 가이드도 준비해서 다시 만나기를 기대한다.